De Numancia a Trafalgar

Victorias y derrotas de nuestra historia

Divulgación
Historia

José Luis Olaizola

De Numancia a Trafalgar

Victorias y derrotas de nuestra historia

temas'de hoy.

Paseo de Recoletos, 4, 28001 Madrid (España)

Diseño de la cubierta: adaptación de la idea original de gráfica futura
Ilustración de la cubierta: *El* Redoutable *en Trafalgar*, Museo de la Marina, París
(foto Index)
Primera edición en Colección Booket: mayo de 2005

Depósito Legal: B. 18.709-2005
ISBN: 84-8460-351-2
Composición: Tiffitext, S. L.
Impresión y encuadernación: Litografía Rosés, S. A.
Printed in Spain - Impreso en España

Biografía

José Luis Olaizola, natural de San Sebastián, ejerció la abogacía durante quince años y, desde hace más de dos décadas, se dedica a la literatura. En su extensa producción literaria destacan las novelas *La guerra del general Escobar*, Premio Planeta 1983, *Planicio*, Premio Ateneo de Sevilla 1976, *Cucho*, Premio de Literatura Infantil Barco de Vapor, que en su traducción al francés mereció el Grand Prix de l'Academie des Lecteurs, París, y, recientemente, *El amante vicario*. Ha cultivado con gran éxito el género de la novela histórica. Sus tres obras, dedicadas al mundo americano, *Francisco Pizarro. Crónica de una locura*; *Hernán Cortés. Crónica de un imposible*, y *Bartolomé de las Casas. Crónica de un sueño*, así como *El caballero del Cid*, recibieron una calurosa acogida por parte de los lectores. En Temas de Hoy ha publicado *Verdad y leyenda de nuestros grandes personajes históricos*, sobre las grandes incógnitas del pasado de España, y las biografías *Juan XXIII. Una vocación frustrada* y *Juan Sebastián Elcano. La mayor travesía de la historia*.

Introducción

La historia de España, como la de cualquier país, por desgracia, es en gran medida la historia de sus batallas. Para este libro el autor ha seleccionado nueve de ellas que, por su importancia, han contribuido a configurar la realidad actual de España. En cada relato se ha respetado rigurosamente el marco histórico y se ha evitado cualquier licencia sobre los hechos clave. No obstante, sí se ha recurrido a la ficción cuando el transcurso de los acontecimientos lo permite, sin que esto signifique que se hayan hecho mermas a la verdad. El autor es novelista, no historiador, lo que puede ser una ventaja a la hora de narrar los acontecimientos históricos. Por eso ha pretendido contar las batallas en sí, pero poniendo más detalle aún en sus antecedentes, en los personajes que las protagonizaron y en las causas que las motivaron, si es que en alguna ocasión hay motivos que justifiquen un choque armado.

El autor, gracias a que hay historiadores que profundizan en el pasado, ha podido hacer de cada batalla una pequeña novela, convencido como está de que la vida novelada es más verosímil que la vida real. Ésta, a veces, no hay quien la entienda, sobre todo cuando se enfrentan a muerte unos hombres contra otros por unas fronteras que no entienden de matices políticos o culturales.

NUMANCIA Y EL ESPÍRITU DE VIRIATO

De Viriato cuentan Polibio y Posidonio, historiadores romanos, que fue un gran guerrero y que no mereció muerte tan alevosa como la que recibió. Otro historiador, también romano, añade que fue el «Aníbal de los iberos», lo cual es elogio sumo, ya que Aníbal fue el general cartaginés que mantuvo en jaque al Imperio Romano durante varios lustros. Y Floro, más encendido aún en el panegírico, dice que pudo ser el Rómulo de Hispania, y es sobradamente conocido que Rómulo es tenido por fundador de Roma, la gran ciudad imperial. Otro historiador antiguo que se hacía llamar Lenón y del que no se sabe si era romano, celtíbero o siquiera si existió de verdad, pues no se conservan de su obra más que algunos fragmentos de alabanza al caudillo ibero que corrieron de boca en boca, señalaba también su admiración por Viriato. Lenón destacaba que alguien que tan poco fue en sus comienzos —apenas pastor de cabras y depredador de bienes ajenos— llegó tan lejos que hasta el Senado de Roma hubo de reunirse en más de una ocasión para ver la forma de acabar con él, disponiendo el envío de miles de legionarios al mando de ilustres generales, bien pertrechados de toda clase de armas, amén de caballería y elefantes. A todos los descalabraba Viriato en los desfiladeros en los que tan pródiga se muestra la península Ibérica, y a la postre hubo de recurrir Roma a la traición para terminar con Viriato. Sin embargo, no acabaron con su espíritu, ya que sus fieles seguidores se refugiaron en el cerro de Garay, donde se situaba la ciudad de Numancia, y desde ella dieron tal guerra a los romanos que éstos tuvieron que mandar a Hispania a uno de sus más grandes generales, Publio Cornelio Escipión Emiliano, nieto del mítico Escipión *el Africano*, el estratega que derrotó definitivamente a las tropas de Aníbal en Zama. Al segundo Escipión también le costó un gran esfuerzo acabar con Numancia, de manera que cuando lo consiguió, a su nombre se añadió el gentilicio «Numantino».

Antes de describir el asedio de la ciudad, veamos algunos antecedentes. Aunque la península Ibérica ha estado poblada desde tiempos prehistóricos, el primer pueblo con una identidad nacional fue el ibero, que comenzó a colonizar la futura España tal vez hacia el siglo XII a. C. Según Polibio, la península era pródiga en conejos, por lo que los fenicios, que habían establecido colonias en las costas levantina y meridional, la nombraron Hispania, «país de conejos», término que fue adoptado por los romanos. En el siglo X a. C. llegaron los celtas y, como es de suponer, comenzaron a guerrear y a disputarse con los iberos esa tierra de conejos, con muy poco provecho para unos y para otros.

Así hasta que, según Lenón, un caudillo de los iberos quedó prendado de una doncella celta a la que había hecho prisionera. De primeras intentó forzarla, conforme era costumbre entre ellos. Resistiose la doncella y hasta intentó quitarse la vida, por lo que el caudillo ibero pidió ayuda para consumar sus propósitos. Sujeta la doncella entre cuatro forzudos hombres, clamó: «Así podéis hacer lo que es vuestro gusto, pero no dudéis que a no mucho tardar me quitaré la vida. Ésas son las leyes de nuestro pueblo: un hombre y una mujer se han de unir de por vida, y si la mujer consiente en otra cosa, no merece seguir viviendo». Admirado el ibero, cedió, y después de pensárselo dijo a la doncella: «¿Y quién os dice que yo no os voy a desear por el resto de mis días?». Y añade Lenón que como las celtas eran muy hermosas, las más con cabellos rubios y muy cumplidas de pechos, no fue éste el único desposorio entre ambos pueblos, ya que los guerreros celtas tampoco hicieron de menos a las mujeres iberas, que sin ser tan hermosas, se daban su gracia en el parir y en ser buenas madres, algo muy apreciado, pues en tener hijos en abundancia radicaba la prosperidad de las tribus. De esta suerte presto se mezclaron ambos pueblos y acabaron concertándose en paz para habitar el mismo territorio como raza única, la celtíbera, aunque dividida en muchas tribus: arévacos, pelendones, bellos, titos o lusones, según el lugar en el que se hubieran asentado. Esta unión no quiere decir que no tuvieran peleas, pero ya no estaban motivadas porque unos fueran celtas y otros iberos.

El conde de Clonard, excepcional cronista del siglo XIX, autor de catorce tomos sobre todas las guerras habidas en la península Ibérica, sostiene que «tal es la posición topográfica de España, de este país que ha servido de teatro a tantas y tan encarnizadas guerras, que es donde se ha derramado más sangre que en todo el resto del continente europeo». Y puede que no le falte razón si se considera que ya romanos y cartagineses tuvieron a Hispania como campo de batalla para dilucidar su supremacía en las tremendas guerras púnicas, algunas tan sangrientas que Aníbal se jactaba de haber matado a más de 200.000 soldados romanos después de una batalla.

En estas guerras los celtíberos tomaron gusto a pelear, unas veces alistados en los ejércitos de Cartago y otras en los de Roma, según fuera la paga, pues en aquellos tiempos no se tenía a desdoro ser mercenario, siempre que se acertara a morir en el campo de batalla con honor. Alcanzaron los guerreros celtíberos fama de valientes y sufridos para las inclemencias del tiempo, en lo cual pudo influir su costumbre de bañarse en los torrentes helados y a continuación frotarse el cuerpo con aceite. De vestimenta también se mostraban muy sucintos: por ejemplo, los cántabros, ya fuera invierno o verano, llevaban sayos negros ceñidos con cíngulos, y las piernas se las cubrían con unas calzas de piel de cerdo peludo.

De otro animal, el carnero, sacaban el siguiente provecho: con su piel, bien adobada, hacían unos odres que les servían para vadear los ríos. A tal fin se desnudaban, colocaban dentro del odre su ropa y las armas, lo hinchaban de aire, y tumbados sobre él alcanzaban la orilla opuesta. Cuando no había ríos que cruzar se servían del odre para transportar una bebida que sacaban del trigo fermentado, muy parecida a la cerveza. Cuando se hallaban en campaña nunca se separaban de su odre.

El pelo lo llevaban muy largo, recogido con ínfulas, y cuando entraban en combate se lo trenzaban para luchar más cómodos. De armas tenían las mismas que usaban romanos y cartagineses, sobre todo espadas cortas, y de ellos dice Polibio que se daban mucha maña en arrojar, como jabalinas, unas lanzas muy finas y adornadas con las que cazaban los cerdos salvajes y en la guerra atravesaban a los contrarios. Un grupo especial eran los honderos, de las islas Baleares en su mayoría, también celtíberos, muy hechos desde la niñez a manejar la honda, pues las madres no daban la comida a sus hijos si no la derribaban a pedradas del árbol en el que la colgaban.

Los celtíberos de otras regiones se diferenciaban poco de los cántabros, salvo que los del sur utilizaban un sayo más ligero y traían los pies desnudos.

Viriato no era ni del norte ni del sur, pues había nacido en la sierra de la Estrella, en la zona montañosa que hay entre el Tajo y el Duero. Era muy forzudo y, más que cuidar cerdos, lo que hacía era cazar los ejemplares salvajes, una especie de jabalíes que abatía con su lanza. Si los dejaba malheridos, que es cuando se tornan más peligrosos, no los rehuía, sino que se iba a por ellos y los degollaba con el puñal. Era tan fiero que, según Lenón, hasta los animales salvajes le temían, y bastaba con que les mirara muy fijo para que se amansaran y se dejaran matar. No consta que combatiera en las guerras púnicas, pero cuando éstas terminaron y los romanos vencedores establecieron colonias en España, Viriato procuró sacar provecho de ello y de ahí le vino la fama de bandolero.

Las colonias eran habitadas por gentes pacíficas, algunas venidas de Roma, atraídas por la dulzura de las vegas hispánicas. También había fenicios que conocían la Bética de antiguo, y celtíberos romanizados, aunque eran los menos, porque tenían en más el seguir vadeando ríos sobre sus odres y morir con honra en el combate. Viriato, al frente de su tribu, depredaba estas colonias, pero sin llegar a esquilmarlas, pues les dejaba simientes y animales de cría para que pudieran rehacerse, y nunca saqueaba una misma colonia dos veces. Tampoco atentaba contra las personas, a menos que le hicieran resistencia, ni consentía que las mujeres fueran violadas y se mostraba muy protector con los niños pues era muy amante de ellos. En cambio era sabido que cuando los romanos disponían una operación de castigo, en ella incluían a mujeres y niños hispanos. En suma, lo que hacía Viriato era cobrar un tributo, como hacían todos los que tenían poder en aquellos siglos.

Procuraba rehuir el encuentro con las legiones romanas, hasta que no le quedó más remedio que enfrentarse a ellas en la batalla que llaman de Púnico, cuando ya disponía de un ejército de más de 10.000 hombres. En esta ocasión obtuvo un triunfo tan clamoroso que desde ese día se le tuvo como gran caudillo de los celtíberos. Fue tan sonada la victoria que, a través de mensajeros, le llegó la noticia de que los romanos querían la paz y que, habiendo tierras para todos, más valía repartírselas y dejar de guerrear. Uno de estos mensajeros fue un lusitano, Astipas, hombre muy rico que tenía tratos con los romanos, tanto de tierras como de ganado y minería. Entre sus gracias estaba la de ser padre de una doncella muy hermosa, de nombre Ada, la cual entró en este trato como futura esposa del caudillo ibérico, que a los treinta años seguía soltero. Lenón cuenta que Viriato fingió sorprenderse y clamó: «¿Acaso está en mi mano el desposar tanta hermosura? ¿No es a ella a quien le corresponde elegir esposo entre los más valientes?». Esta fórmula era costumbre entre los celtíberos, quienes, en principio, dejaban a la mujer elegir, aunque el elegido podía rechazarla, con el consiguiente ludibrio.

Una vez casado, Viriato adoptó un modo de vida más sosegado y se hizo construir una casa de piedra con la dote que recibiera del opulento Astipas. Cuando le llegó la propuesta del prefecto Galba de reunirse para repartirse las ricas tierras de la Bética, fue el primero en animar a los suyos a deponer las armas, pues otra ocasión como aquélla no habían de encontrar. Y todos, como no podía ser por menos, atendieron al consejo del caudillo invicto.

Cuando luego sucedió lo que sucedió, Viriato se laceró el cuerpo de arriba abajo, considerándose culpable, y hasta pasó algún tiempo huido por las montañas, sin querer presentarse ante su gente. Lo que sucedió fue que el prefecto Galba dividió a los celtíberos en tres grupos, o puede que más, muy apartados unos de otros, so pretexto de que las tierras que les iba a conceder también estaban apartadas. De esta suerte los dividió y debilitó, y ello facilitó que sus legionarios pudieran degollar a los hombres sin piedad, mientras las mujeres y niños fueron tomados como esclavos. Se dice que los muertos fueron 5.000, y los esclavos 9.000.

Lenón, el misterioso cronista, se extraña de que tan sesudo caudillo como era Viriato se tragara la añagaza del prefecto Galba. «¿Podía ser de otra manera? —razona—. ¿Es que acaso podía Roma detentar un imperio tan vasto, que llegaba hasta los confines de la Tierra, si no hacía pagar con sangre a aquellos que se le enfrentaban? Galba sólo cumplió lo que el Senado de Roma tenía dispuesto para los que se oponían a la benéfica acción de las cohortes».

Cuando reapareció Viriato, se batió en duelo con el cabecilla de una facción que le acusó de haberlos entregado a los romanos. Muerto éste, los demás le rindieron sumisión. Era costumbre entre los celtíberos incinerar los cadáveres. Con las cenizas de los degollados en la matanza de Galba mandó levantar un montículo, y en lo más alto, hundido hasta la cintura, en noche de luna llena, juró guerra a muerte a los romanos. Lo que sucedió a continuación no es para describirlo. Durante cerca de diez años Viriato, con gran maña, logró destruir sucesivos ejércitos romanos. Nunca les presentaba batalla en los llanos, sino que los atraía a donde a él le convenía, y allí les daba fin. De sus muchas batallas la más nombrada fue la de Tríbola, en la sierra de Ronda, en la que la hueste de Viriato fingió huir hacia un desfiladero muy pronunciado que hay en aquella sierra. Cuando el cónsul Vetilio, que mandaba un nutrido ejército con caballería y elefantes, advirtió que podía ser una trampa ya era tarde, pues Viriato había dispuesto un hato de novillos con haces embreados de leña en las astas, que embravecidos por el fuego se metieron entre las filas romanas, causando espanto a los elefantes y caballos, sembrando la confusión y el desorden, y permitiendo que las tropas de Viriato terminaran con todos los que no pudieron huir. El número de los degollados no fue inferior a los 4.000.

Otro tanto hizo en la Carpetania. En esta ocasión los muertos romanos fueron 10.000, y la victoria le permitió señorearse de buena parte de la península, desde Segovia a Segóbriga, derrotando hasta al ejército de un general muy nombrado, Quinto Fabio Máximo Emiliano, enviado por el Senado de Roma al frente de un ejército de 15.000 legionarios y 2.000 jinetes. A éste le derrotó por la parte de Osuna.

No podía consentir Roma semejante oprobio: ¿cómo un bandolero podía tener en jaque a las poderosas legiones romanas? Así que mandó un ejército de 18.000 legionarios y 1.600 caballos al mando del cónsul Serviliano, quien, advertido de la táctica de la que se servía Viriato, hizo otro tanto, procurando no ofrecer batallas, sino dedicándose a castigar a los que se mostraban partidarios del caudillo celtíbero. Porcuna fue la primera ciudad en la que hizo ejecutar a quinientos prisioneros, mientras que a otros 9.500 los hizo esclavos. En otras poblaciones de la parte de Bailén dispuso que a todos los hombres se les cortara la mano derecha, importándole poco que fueran zurdos o no. En este punto alcanzó la estrella de Viriato su cenit, para que su caída fuera más gloriosa. Fue precisamente en Bailén, en un descuido del cónsul Serviliano, cuando logró derrotar al grueso del ejército romano. Viéndolo tan sumiso, con grandeza de ánimo, en lugar de hacerlos degollar, decidió pactar con los romanos, poniendo como condición que Roma le reconociera como rey de las tierras que se demarcarían de mutuo acuerdo. «En tan magnánima decisión —comenta Lenón— pudo influir que eran muchos los de su bando que ansiaban la paz y que entendían que ya los romanos habían recibido suficiente castigo, y no fuera a ser que ahora les tocara a ellos».

Pactó Serviliano pues en ello le iba la vida, y el Senado romano, muy a disgusto como se verá, lo confirmó y le nombró *amicus populi romani*, título que se otorgaba a los que se tenía por reyes en territorios compartidos. Sigue comentando Lenón: «¿Cómo había de consentir Roma dar trato de rey a quien de tal modo había humillado a sus cohortes? Eso era contrario a lo que el Senado entendía por *pax romana*, y los mismos senadores que habían dicho sí, dijeron no, y autorizaron al cónsul Cepión, hermano de Serviliano, a quebrantar una paz que a todas luces era injusta».

Poco disfrutó Viriato las dulzuras de su realeza. Muy enamorado de la hermosa Ada, quien le había dado varios hijos varones y también alguna hembra, se vio en la necesidad de sacrificar a su suegro Astipas, que fue el primero que se concertó con el cónsul Cepión para acabar con él. Astipas había ayudado a Viriato con sus caudales, armando tropas cuando el viento de la guerra soplaba a favor del caudillo, pero cuando advirtió que los romanos estaban decididos a acabar con él, y que el pueblo celtíbero se encontraba cansado de luchar, se alió con Roma, con tal torpeza que la noticia llegó a oídos de Viriato. Ada no entendió las razones que movieron a su regio esposo a matar a su padre, y Viriato padeció el desvío de esposa tan amada en los últimos meses de su vida.

Quizá fuera la tristeza que le producía este desamor lo que le impulsara a cometer el error que había de costarle la vida. Si Viriato había sobrevivido durante tantos años a los peligros de la guerra no era sólo por su valor, sino por su natural inteligencia y el gran conocimiento que tenía de los hombres, lo que le ayudaba a rodearse de los más fieles y esforzados. Sin embargo, en esta ocasión eligió a tres traidores, Audas, Ditalkon y Minuros, para negociar una nueva paz con el cónsul Cepión. Nunca lo habría hecho de estar en su ser natural.

Audas, Ditalkon y Minuros eran de la ciudad de Urso, en la Bética. Eran de los más acomodados, con tierras y numerosos esclavos que las trabajaban y, por tanto, también eran los más deseosos de concertar una paz con los romanos. Cepión había buscado como pretexto para romper la denominada «paz serviliana» una cuestión de lindes, y Viriato mandó a aquellos tres voceros para que le recordasen a Cepión que *pacta sunt servanda*, y que aclarada la cuestión de las lindes había de respetarse el acuerdo firmado por su hermano Fabio Máximo Serviliano.

El cónsul Cepión recibió a los tres voceros con mucho halago, y les hizo ver que nunca habría paz mientras Viriato estuviera con vida. También les cantó las excelencias de la colonización romana, su cultura y sus leyes, y cómo Roma concedía la ciudadanía romana a aquellos que le ayudaban, con las ventajas que eso comportaba.

Comenta Lenón que no es cierto que aquellos falsarios lo hicieran por dinero, pues sobrado lo habían, sino por las dádivas que les brindó Cepión y pensando que todo el pueblo celtíbero saldría ganancioso con la paz, «pues todo hombre —concluye— encuentra razones para hacer el mal, diciéndose a sí mismo que hace un bien».

Era impensable que quienes habían servido a las órdenes de Viriato se atrevieran a soportar su mirada, de la que se decía que era tan aguda que podía leer en los corazones, sobre todo si en ellos se escondía la maldad, y por eso se concitaron a entrar de noche en su campamento, con los rostros tapados, y matarlo mientras dormía, clavando a una los cuchillos para que quedara claro que eran los tres los que lo hacían. Y así lo cumplieron.

Cuando a la mañana siguiente se descubrió el cadáver, al principio reinó el estupor y luego el clamor de la infamia llegó hasta los confines del Mediterráneo. El dolor de la viuda fue especialmente marcado, pues se lamentaba de no haber dormido con él en la noche infausta. De haberlo hecho también la habrían matado a ella, con lo cual habrían emprendido juntos el camino del firmamento. Cuando levantaron el túmulo funerario para incinerarlo, Ada trató de inmolarse en él, y sus hijos tuvieron que sujetarla para que no lo hiciera. En su desvarío Ada maldecía a su padre, que fue el primero que traicionó al más amante de los esposos.

Los funerales duraron varios días, pues sus fieles le rindieron honras divinas, bailando día y noche alrededor de la pira y combatiendo ritualmente entre sí hasta doscientas parejas de guerreros. Algunos perdieron la vida, gozosos de emprender el camino de las estrellas en compañía de tan glorioso caudillo.

En las filas romanas se hizo el silencio mientras duraron los funerales, y fue cuando los historiadores romanos, con Polibio a la cabeza, dijeron que había muerto inicuamente el Aníbal de los iberos, y el que podía haber sido como un Rómulo para Hispania. En el Senado de Roma también hubo muestras de condolencia, pero a Cepión le ampliaron los territorios de su mandato, y cuenta la leyenda que cuando Audas, Ditalkon y Minuros se presentaron a recibir su premio, Cepión les dijo: «Roma no paga traidores».

Esto sucedía en el año 139 a. C. cuando la *pax romana* comenzó a ser una realidad en toda Hispania salvo en una pequeña ciudad situada en el cerro del Castillejo, junto a Garray, no lejos del río Duero, en la actual provincia de Soria: era Numancia.

Numancia estaba poblada por la tribu de los arévacos, que, según Plinio, tomaron nombre del río Areva. Siempre se mostraron muy contrarios a los romanos y, de los celtas, eran los más fieros. Sólo en el año 179 a. C. se avinieron a firmar una paz con los romanos, pero éstos la conculcaron, y desde entonces los enfrentamientos fueron constantes. Hazañas acometieron muchas. La más señalada fue la derrota del cónsul Mancino, al que persiguieron hasta el río Ebro y le obligaron a rendirse con sus 20.000 soldados. Los arévacos de Numancia no pasaban de los 4.000, contando las mujeres, que también luchaban, y pretendieron de Roma su independencia a cambio de esos rehenes, pero el Senado lo consideró humillante y envió a uno de sus grandes generales, Escipión Emiliano, nieto de Escipión *el Africano*, el vencedor de Aníbal.

Ada, en unión de sus hijos, se refugió en la ciudad

arévaca, pues para nada quería tratos con los romanos. Junto a ella fueron los más fieles a Viriato. Por eso la historia cuenta que a Numancia no la defendió Viriato, pero que en ella aleteó su espíritu hasta el último día de su heroica resistencia.

Escipión Emiliano estaba dotado de todas las gracias que natura puede conceder a un hombre. Su belleza física era notable, alto sin exageraciones, membrudo como un gladiador, los ojos los tenía del color de la amatista, y las manos finas y alargadas como la de un tañedor. Fallaba por la parte de los cabellos, que los tenía ralos. Por eso se los hacía rasurar y su cabeza, calva y brillante por los afeites, se puso de moda en las cohortes y hasta los jóvenes oficiales sacrificaban gustosos sus rizos. Se le consideraba uno de los hombres más cultos de su tiempo, ya que había estudiado en Grecia y había hecho gran amistad con el historiador Polibio, a quien llevó consigo a la conquista de Numancia. Es este hecho el que nos permite conocer tantos detalles de aquel acontecimiento. También incluyó en su corte a poetas y rapsodas, entre ellos a Lucilio, pues aun siendo muy buen guerrero no podía pasarse sin los deleites que proporciona el espíritu.

En el año 134 a. C. llegó a la región de Numancia al frente de un ejército de 60.000 hombres, entre los que se contaba el príncipe númida Yugurta, que mandaba una compañía de doce elefantes de combate. «Dícense de combate —aclara un cronista de la época— sin que ellos lo sepan, pues si bien es cierto que son muy bravos cuando están en su selva, una vez que se les saca de ella se tornan mansos cuando se les instruye para la guerra. Y en amansarlos son muy diestros los númidas, y los romanos en aprovecharse de ese arte».

Encontrose Escipión con la ciudad sitiada, pero con un cerco que por el transcurso de los años —llevaba en pie desde el año 143 a. C.— se había convertido en lugar muy agradable para sitiados y sitiadores. Éstos consentían que los vacceos, tribu celtíbera muy fiel a Viriato, trajeran toda clase de alimentos a la ciudad, y los numantinos, a cambio, se comprometían a no hacer esas salidas que tanto daño causaban en las filas romanas. Quien mandaba éstas, el cónsul Pisón, entendía que mientras los feroces numantinos se estuvieran en su ciudad, sin hacer daño a Roma, su misión estaba cumplida. Era tal el temor que despertaban los numantinos, que en Roma costaba encontrar legionarios que quisieran ir a combatir a Hispania, y si Escipión consiguió tan nutrido ejército fue porque su prestigio aseguraba el botín. De hecho, el propio general prometió que si no se obtenía la victoria, él pondría el dinero de su propio peculio.

El cerco no podía ser más regalado ni la tropa podía vivir más relajada. Había legionarios que hasta vivían con su familia, en buenas tiendas de campaña. Otros se servían de prostitutas, y los homosexuales tenían junto a sí a sus efebos. Los centuriones disponían de tiendas más grandes y se hacían servir los almuerzos en vajillas de plata. El vino traído de las Galias y de la misma Italia corría como si fuera agua. Así lo narra Polibio.

Hay una anécdota contada por un tal Aspio, y representada en un grabado antiguo, que nos muestra el ambiente que reinaba en el castro. Al poco de llegar los sitiadores brindaron a Escipión una joven hispana de singular belleza, pensando que había de agradar a un hombre de pasiones tan ardientes. Cuando preguntó su procedencia le contestaron que era la esposa de un príncipe celtíbero, contrario a los de Numancia, pero también a Roma, por lo que podía ser tomada como esclava. El grabado nos explica el resto: en él aparece Escipión medio desnudo, sólo un poco cubierto por su manto, devolviendo la joven a los padres, que se habían presentado con unos vasos de oro para pagar rescate. La joven aparece muy vestida, como la que no ha sido mancillada, y Escipión no sólo devuelve a la joven, sino que no acepta el rescate. Según Aspio, el esposo de la joven, de nombre Alucio, desde ese día se hizo amigo de Roma y fue de los que tomó parte en el asedio definitivo de Numancia.

Cuenta la historia que Escipión fue mejor organizador que estratega, así que comenzó por organizar el ejército sitiador, disponiendo marchas forzadas y diversos ejercicios militares, desalojando prostitutas y efebos y vendiendo las cuberterías de plata. De allí en adelante cada legionario habría de bastarse con una olla de cobre y un plato de peltre, y por lecho un montón de paja. Para dar ejemplo fue el primero en acostarse en esa suerte de yacija.

Rodeó todo el cerro de una empalizada reforzada con un foso, y levantó siete campamentos para vigilar tan enorme cerco. La empalizada contaba con unas trescientas torres, cada una de ellas con vigía permanente, día y noche. Si alguno se dormía, en el mismo sitio era decapitado. Detrás de la empalizada se situaban las máquinas de guerra, como catapultas, balistas y otras, algunas muy ingeniosas, pues lo mismo arrojaban piedras que lluvias de flechas. Después de montaje tan cumplido, advirtió a sus centuriones de que su principal arma había de ser el hambre, y a tal fin mandó segar todos los campos de cereales de la denominada Celtiberia Citerior, de donde se proveían los numantinos. A los de una población vaccea que intentaron enviar suministros mandó que se cortase la mano a cuatrocientos de ellos.

Admira que tanto confiase en el hambre quien disponía de un ejército de más de 60.000 hombres y enfrente sólo tenía una guarnición de 4.000, contando con las mujeres. Sin embargo, un incidente apenas recogido en las crónicas hace plausible la cautela de Escipión frente a los tremendos numantinos. Según se enseñoreaba el hambre en la ciudad los numantinos hacían salidas, unas veces de día y otras de noche, sobre todo para hacerse con unas aguas que corrían por la linde norte, pues la sed acabó siendo en la ciudad peor tormento que el hambre. Se les oponían los romanos, siempre con gran temor, pues a los numantinos se les daba a poco morir con tal de hacer hueco en las filas contrarias. Una de las veces quien se les opuso fue el príncipe Yugurta montado sobre un enorme elefante ricamente enjaezado, que disponía de una plataforma desde la que los arqueros númidas flechaban a los sitiados. Éstos, despreciando sus propias vidas, se fueron a por él y el príncipe, con gran esfuerzo, se puso a salvo, mas no así el elefante, al que le metieron lanzas por los ojos. Cuando lo vieron muerto lo ataron con cordeles y tirando de él lo arrastraron dentro de la ciudad. Aquella noche, con gran alboroto para que llegara a oídos de los sitiadores, asaron partes del enorme proboscidio y repartieron su carne entre la población hambrienta.

A los pocos días los numantinos repitieron la hazaña, pero de otra suerte. Entre ellos los había que habían servido a las órdenes de Aníbal en la Segunda Guerra Púnica y entendían del manejo de los elefantes. Una noche se infiltraron en el campamento númida y, tras matar a los guardianes, se hicieron con dos elefantes que rápidamente condujeron, montados sobre ellos, a la ciudad. Allí fueron sacrificados y su carne ahumada como tasajo. Dicen que Escipión comentó: «Quién nos había de decir que animales en los que tanto confiábamos para amedrentar a los arévacos habían de servirles de alimento». Desde ese momento dispuso que la compañía del príncipe Yugurta se retirase desde el pie de la empalizada a un lugar de retaguardia. El númida, ofendido, se apartó del todo, abandonando el asedio. Al año siguiente se alzó en armas contra Roma desde su reino del norte de África.

Vista la evolución de los acontecimientos, Escipión Emiliano decidió estrechar con mayor rigor el cerco, mandando traer más máquinas de guerra con el fin de derribar las puertas de la ciudad. Así, apenas asomaban los numantinos, eran flechados. Todo esto para no tener que combatirlos cuerpo a cuerpo, ocasiones en las que tan malparados salían los romanos. Escipión también remontó las corrientes de agua hasta sus fuentes y las hizo cegar para que la sed de los numantinos fuera otro de sus aliados.

Al sexto mes del asedio éstos pensaron que había llegado la hora de rendirse, pues ya se sabía que los ancianos se dejaban morir, o ellos mismos se quitaban la vida, para que su carne sirviera de alimento a los que todavía podían seguir combatiendo. En cambio no hacían lo mismo con los niños que nacían, y hasta tenían privilegio las madres que debían amamantarlos, pues a través de ellos se conservaría el espíritu de libertad que tanto amaba el pueblo arévaco. Pero si el niño nacía muerto, o moría al poco de nacer, sí se lo comían.

A través de Polibio se conoce cuanto sucedía en el exterior de la ciudad, pues fue testigo de todo ello, pero no de lo que sucedía en su interior, y ni tan siquiera se conoce el nombre de quien mandaba a tan heroica guarnición, aunque con arreglo a la costumbre de los iberos sería un consejo, uno de cuyos miembros ejercería de caudillo militar. Tampoco se menciona lo que pudo ser de Ada y de los hijos de Viriato. Este consejo fue el que determinó al octavo mes del asedio solicitar una rendición en condiciones honrosas. Cuáles fueran éstas no se llegó a saber, pues la respuesta de Escipión Emiliano fue terminante. La primera condición es que habían de entregar las armas, a lo que el consejo replicó: «¿Entregar las armas? Nunca, eso sería tanto como hacernos esclavos. Antes preferimos la muerte». «Sea», fue la respuesta de Escipión, según el historiador Aspio.

Desde ese día los pocos numantinos que aún podían sostener las armas salían a combatir, más bien a hacerse matar, y el único trabajo de los romanos era retirar sus cadáveres para que no se los comiesen los que quedaban dentro. Llegó un día, sería el noveno mes del asedio, en el que un silencio de muerte se extendió sobre el cerro de Numancia, pues nadie quedaba con vida en la ciudad, o si la conservaba no tenía fuerzas ni para llorar.

Según unos historiadores, cuando Escipión Emiliano se aseguró de que toda resistencia era vencida, mandó entrar a sus tropas, que no encontraron seres vivos. Había incluso claras muestras de que se habían matado los unos a los otros, para no ser esclavizados. Otros dicen que sí encontró supervivientes, mujeres y niños, a los que vendió como esclavos. En lo que sí están conformes es en que mandó arrasar la ciudad, incendiándola, para que no quedase memoria de su existencia, con prohibición expresa, bajo pena de muerte, de reconstruirla.

Considera Aspio que Escipión se mostró muy tierno en el episodio de la joven esposa del príncipe celtíbero Alucio, «pero en todo lo demás se mostró como buen guerrero que era». Y concluye que lo de Numancia fue ejemplo para futuras generaciones de en cuánto tenían el honor los celtíberos, pero que su desaparición permitió la romanización de Hispania y la erección de grandes ciudades, como Emérita Augusta (Mérida), Legio Septimia (León) o Caesaraugusta (Zaragoza), que unidas entre sí por sólidas calzadas, y junto a otras grandes ciudades fundadas anteriormente por iberos y cartagineses, como Salmantica (Salamanca), Toletum (Toledo), Hispalis (Sevilla) o Corduba (Córdoba), se convirtieron en foros de la cultura y el saber, y envidia de otras provincias del imperio que no llegaron a tanto.

GUADALETE «VERSUS» COVADONGA

Según Claudio Sánchez-Albornoz, autoridad indiscutible en historia de España, lo que sucedió a orillas del río Guadalete en el año 711 de la era cristiana constituye un enigma histórico. ¿Cómo se entiende, si no, que en unas pocas jornadas un ejército bereber recién llegado de África pusiera fin al poderoso reino de los visigodos? Hemos visto en el capítulo anterior cómo las poderosas legiones romanas, dueñas del mundo conocido en su época, tardaron siglos en dominar a un pueblo de pastores. ¿Había desaparecido de la península Ibérica el espíritu de Viriato? ¿Quizá el reino visigodo no era tan poderoso y tenía los pies de barro?

Según el conde Clonard, «la invasión de los bárbaros del norte —los visigodos— trajo consigo la destrucción de todo lo más bello y grande del Imperio Romano. Las ciencias y las artes perecieron en el común naufragio; ciudades enteras desaparecieron ante la furia de aquellos terribles conquistadores que, como muy bien ha dicho Chateaubriand, sólo cadenas trajeron de sus sombríos bosques». Entonces, ¿qué se había hecho de aquellos terribles conquistadores, ahora conquistados?

Lo que parece cierto es que de sus sombríos bosques trajeron, además de cadenas, la mala costumbre de matarse los unos a los otros y de disputarse el trono a punta de puñal. En el año 711 don Rodrigo, rey electo de los godos, tenía frente a sí a los herederos del rey Witiza, que le discutían la corona, y a sus espaldas unas tribus orgullosas, las de los vascones, que no se querían dejar gobernar por los godos. Para colmo Rodrigo también tenía en su contra a otro pueblo peninsular, poderoso por sus riquezas: los judíos, que no veían con malos ojos la llegada de los nuevos invasores musulmanes, de los que se sabía que eran más benévolos con los seguidores de Yahveh. Claudio Sánchez-Albornoz sostiene que existió una crónica, compuesta a finales del siglo VIII, durante el reinado de Alfonso el Casto, que debió de recoger con gran fidelidad los sucesos acontecidos en la batalla de Guadalete, primero, y luego en la de Covadonga. Por desgracia no han llegado ejemplares hasta nuestros días. Con la ayuda de otras crónicas de las que, afortunadamente, sí disponemos (la *Albeldense*, la *Sebastianense* y la de Alfonso III), el narrador se atreve a reconstruir el contenido de la crónica desaparecida... con el debido respeto.

En vísperas de la invasión musulmana reinaba en España el rey Witiza, del que pocas cosas buenas se pueden decir. Según el monje francés de Moissac, era muy dado a la lujuria, y de ahí que promulgara leyes a favor del concubinato y otras animando a los clérigos a contraer matrimonio, so pretexto de que así no vivieran amancebados. Pero la mayoría de los sacerdotes y obispos, que se ajustaban a la castidad que predicaba san Pablo, se opusieron a estas normas y de aquí nacieron los primeros choques. Fue un gran mal que los reyes de este mundo se metieran en las cosas de la Iglesia y, a su vez, que los obispos se metieran en lo que atañe al reinado temporal.

De estos obispos es obligado traer a colación al nombrado don Oppas, que tanta parte había de tener en la pérdida de España a manos de los sarracenos, y que era obispo precisamente por ser hermano del rey Witiza, que si no, nunca habría alcanzado la mitra de Sevilla quien merecía el tajo del verdugo por traidor.

Witiza temía tanto que le quitaran el trono que a los que se lo disputaban les hacía extraer los ojos con hierros muy finos, y a un tal Favila, que a punto estuvo de usurpárselo, le ahogó con sus propias manos.

En cuanto a los problemas con los judíos habían empezado durante el reinado de su padre, Egica, que llegó a convocar un Concilio en Toledo, en la iglesia de Santa Leocadia, alegando que los judíos, como enemigos de Cristo que eran, querían acabar con todos los reinos cristianos. Por eso, y para evitar este mal, llegó a la conclusión de que convenía confiscarles sus bienes, que era de donde les venía el poder. También sugirió que los hijos que tuvieran los judíos, así que cumplieran los siete años, debían ser entregados a familias católicas para que fueran instruidos en la verdadera fe. ¿Cuándo se ha visto a un monarca disponiendo tales extremos so pretexto de religión, cuando lo que buscaba era que los bienes confiscados pasaran a su patrimonio o al de aquellos que le eran muy adictos?

Witiza no aplicó estas leyes y buscó la conciliación con los judíos. Sin embargo, sí aprendió de su padre las mañas de la sucesión, y lo mismo que Egica había nombrado a Witiza su sucesor, otro tanto hizo él con su hijo Agila, a quien designó como heredero cuando sólo tenía diez años de edad. Esta decisión era contraria a las leyes visigóticas, que bien claro disponían que el monarca había de serlo por elección de los nobles, y no por herencia. Lo cual es de razón, porque la herencia en nada asegura la virtud para reinar. Por este motivo, a la muerte de Witiza en 710 se reunió una asamblea de nobles en la ciudad de Toledo, capital del reino, y eligieron como rey a don Rodrigo, duque de la Bética, de sangre muy limpia y famoso por sus hazañas de guerra, aunque tan pocas muestras diera luego de este arte en la batalla de Guadalete.

La decisión de los nobles no hizo que el hijo de Witiza, que tomó el nombre de Agila II, renunciara al trono, pero los partidarios de don Rodrigo acertaron a echarlo de la Bética y le obligaron a refugiarse en la Tarraconense. Era don Rodrigo de buena edad al ser nombrado rey, frisando los treinta años. Era de barba bien poblada, constitución robusta y ánimo apasionado. Tenía por esposa a la noble Egilona, a la que amaba en silencio don Pelayo, espatario[1] de la nueva majestad. Este Pelayo, pese a su juventud, estaba curtido

1. El espatario era una suerte de guardia real distinguido.

en el sufrimiento, ya que era hijo de aquel Favila, duque de Cantabria, al que mató con sus propias manos el malvado Witiza.

Don Pelayo había participado en la Asamblea de Toledo, y fue de los que más empeño puso en la elección de don Rodrigo, pues por nada de este mundo quisiera que se sentara en el trono quien traía en sus venas sangre del asesino de su padre. Elegido Rodrigo, Pelayo besó sus manos con unción y le prometió fidelidad hasta la muerte. Y por esa misma fidelidad renunció a su bien amada Egilona.

Era ésta una doncella criada en la corte de Toledo, en donde compartió juegos de adolescencia con Pelayo, y de ahí les entró la afición del uno por el otro, primero, y al poco un amor subido, de manera que todo hacía suponer que su relación terminaría en legítimo connubio. Sin embargo, a raíz del asesinato de su padre, Rodrigo hubo de abandonar la corte de Toledo —no fuera a ser que corriera igual suerte— y no pudo regresar hasta que el rey Witiza falleció. A esas alturas, no obstante, el mal estaba hecho: la madre de Egilona, condesa de Brieva, consiguió que don Rodrigo la tomara por esposa, y la joven accedió con olvido de su enamorado, pues llevaba en la sangre el ansia de los nobles godos de medrar en la corte, y el ser reina era lo más.

Cuando Pelayo regresó del destierro se habían celebrado los esponsales reales y le tocó asistir a la ceremonia del solemne matrimonio que tuvo lugar en la catedral de Toledo. En esa ocasión de nuevo volvió a besar la mano de su majestad y, con especial unción y dolor, la de su enamorada.

Pasaron los meses y el amor que la reina Egilona había despertado en el espatario Pelayo no pareció tener correlativo en su regio esposo o, a lo menos, no logró dejarla preñada como era de esperar y desear, siendo ambos jóvenes y bien dotados por natura para el excelso quehacer de la procreación. En la época hasta se cantaron romances de una supuesta infidelidad de su majestad hacia su esposa, pero esto fue después de que sucediera el episodio de la alberca, que por ahí vino, a entender de muchos, la perdición de España a manos del moro.

Este suceso fue, según cuentan, como sigue: era la ciudad de Toledo en extremo regalada, con un río caudaloso que la rodeaba con profusión de meandros, y muy cumplida de huertos y gran hermosura de árboles. En verano el calor era muy acusado, y los palacios que daban al río se refrescaban buscando corrientes de aire que subían de las aguas y oreaban los umbríos jardines de sus señorías. Y en el jardín más principal, el de su majestad real, estaba don Rodrigo ligero de ropa, con esa ternura que produce el duermevela de la siesta, en el que los apetitos dormidos parecen despertar con inclinación a lo prohibido.

Y lo prohibido fue que apareció la hija del conde Julián, gobernador de Ceuta. Esta Florinda, llamada por mal nombre *la Cava*,[2] iba a tomar un baño en compañía de sus doncellas. Así lo relata el romance:[3]

2. *Cava,* en el habla sarracena, quería decir «prostituta».

3. El autor se ha limitado a transcribir el romance recreado conforme a la autoridad de don Ramón Menéndez Pidal.

De una torre de palacio
se salió por un postigo
la Cava con sus doncellas,
con gran fiesta y regocijo.
Metiéronse en un jardín
cerca de un espejo ombrío,
de jazmines y arrayanes,
de pámpanos y racimos.
Junto a una fuente que vierte
por seis caños de oro fino
cristal y perlas sonoras,
entre espadañas y lirios
reposaron las doncellas
buscando solaz y alivio
al fuego de mocedad
y a los ardores del estío.
Daban al agua sus brazos,
y tentada de su frío,
fue la Cava la primera
que desnudó sus vestidos.
En la sombreada alberca
su cuerpo brilla tan lindo,
que al de todas las demás
como sol ha oscurecido.
Pensó la Cava estar sola,
pero la ventura quiso
que entre unas espesas yedras
la miraba el rey Rodrigo.
Puso la ocasión el fuego
en el corazón altivo,
y amor, batiendo sus alas,
abrasole de improviso.
De la pérdida de España
fue aquí funesto principio

una mujer sin ventura
y un hombre de amor rendido.
Florinda perdió su flor,
el rey padeció el castigo;
ella dice que hubo fuerza,
él que gusto consentido.
Si dicen quién de los dos
la mayor culpa ha tenido,
digan los hombres: la Cava;
y las mujeres: Rodrigo.

Se pregunta el cronista anónimo del siglo VIII el fundamento de que los hombres dijeran que culpa era de la Cava, y se contesta razonando que bien puesto tiene el nombre, pues no es de imaginar que la que se dice doncella se despoje de sus hábitos y luzca sus desnudeces allá donde puede ser vista, cuando damas más virtuosas no se mostraban de esa suerte ni tan siquiera en el lecho conyugal.

Así tentó la Cava al rey Rodrigo, al igual que el rey David fue tentado en pareja situación por Betsabé, esposa de Urías el jeteo, y de ella tuvo un hijo, el rey Salomón. Pero no por eso Dios le condenó para siempre, sino que le perdonó y dispuso que de su estirpe había de nacer Nuestro Señor Jesucristo. Bien es cierto —prosigue el cronista— que el rey David dio muestras de gran arrepentimiento, y no consta que don Rodrigo hiciera otro tanto, aunque es de considerar que tampoco tuvo ocasión para ello, pues desflorar a Florinda y saltar del lecho todo fue uno ya que, advertido de que los vascones se resistían en las montañas del norte, su obligación era acudir a domeñarlos.

A estos vascones se les nombra en todas las crónicas de la época como muy fieros e indómitos, y son los mismos que pasados unos años derrotarían en Roncesvalles al ejército de Carlomagno, en la batalla en la que moriría Rolando. Pasados los siglos Voltaire diría de ellos que eran un pueblo que bailaba en la cumbre de los Pirineos (se sobreentiende que danzas guerreras, por ser muy belicosos).[4] Los vascones, además de trenzar pasos de baile, entraban en combate con cánticos corales, muy sentidos, y uno que ha llegado a nuestros días dice así:

Oiuhat aituia izanda
Euskaldunen mendeuen artetic.

Que traducido quiere decir: «Un grito ha resonado en medio de las montañas de los vascongados; y el amo, en pie delante de su puerta, ha aplicado el oído y ha dicho: "¿Qué es esto? ¿Qué quieren"». Es decir, que cuando oían ruidos que no fueran los habituales —como los *sirrinchis* o gritos con los que se comunicaban de un pico a otro—, era señal de alarma, y bien fueran romanos, godos, francos o sarracenos los que venían, inmediatamente se ponían en pie de guerra, pues de ningún modo podían consentir que hollaran sus sagradas montañas.

4. El autor, y con él eminencias como Menéndez Pidal, entiende que estos vascos pirenaicos son los de la parte de la actual Navarra, y poco tienen que ver con los de Vizcaya y Guipúzcoa, que se mantenían al margen de esas contiendas políticas.

Tampoco lo consiguió en aquella oportunidad el rey Rodrigo, pues al poco de poner sitio a una de sus principales plazas —debió de ser Pamplona— comenzaron a llegarle noticias inquietantes: los bereberes, convertidos al islam, estaban atravesando el estrecho en son de guerra. No era como otras veces, para depredar y volverse a sus costas, sino con intención de asentamiento, pues traían consigo camellos, animales no fáciles de embarcar en sus frágiles navíos, y al frente venía el árabe Tariq Ben Ziyad, cuya fama de buen guerrero ya era conocida en la Bética.

La decisión que había de tomar don Rodrigo era obvia: los vascones podían esperar, puesto que si bien no querían que nadie entrara en sus montañas, tampoco ellos tenían intención de salir de ellas; los que venían del sur, sin embargo, parece que traían otras intenciones.

Inició Rodrigo el regreso a la Bética a la cabeza de un cumplido ejército que se fue incrementando por el camino, con las huestes de otros nobles a quienes advirtió del peligro que corrían. En su afán de allegar fuerzas consintió que se incorporasen a sus tropas fuerzas mandadas por dos hermanos del difunto rey Witiza: el obispo don Oppas y el conde Sisiberto, este último tutor del que se hacía llamar Agila II, el hijo de Witiza que seguía reclamando sus derechos a la corona, refugiado al norte de la península. En esto cometió Rodrigo un grave error.

El cronista del siglo VIII entiende también que si torpeza fuera admitir en sus huestes a quienes llevaban la traición en la sangre, no lo fue menor abandonar a su suerte a la Cava. Otros monarcas que también tuvieron ilícitos amoríos luego cuidaron a sus concubinas o hicieron cuidar de ellas y de los hijos habidos con ellas. Si hubo fuerza o fue consentido aquel amor prohibido, nunca habrá de saberse, pues no hay acuerdo en los romances. Lo cierto es que la Cava calló, y sólo cuando en sus entrañas fructificó el desvarío real, clamó por una deshonra que ya no podía ocultar. Fue entonces, como narra el romance, cuando:

La Cava escribió a su padre
cartas de vergüenza y duelo,
y sellándolas con lágrimas,
a Ceuta envióla presto.

En Ceuta se encontraba el conde don Julián, apartado de la corte por haber sido del bando de Witiza, pero sin ser represaliado del todo, pues figuraba como gobernador de una plaza tenida por atalaya frente a los enemigos que pudieran venir de aquella parte de África. Recibir la carta y montar en cólera todo fue uno, no tanto —puntualiza el cronista— por la deshonra, sino por el desprecio mostrado por su majestad al hacer suya a su hija para luego abandonarla. Por este motivo acudió al gobernador árabe de la zona, Musa Ben Nusayr —el moro Muza— y le brindó España entera y hasta barcos de su patrimonio para conquistarla.

La realidad es que estos navíos los pusieron los judíos, que entendían que habían de correr mejor suerte con los musulmanes, a quienes se les daba poco que hubieran matado a Cristo o no, que con los cristianos, que de continuo se lo echaban en cara y les confiscaban los bienes. Y en realidad tampoco les brindó España entera, sino sólo la cabeza de don Rodrigo, para que pudiera reinar el hijo de Witiza. A cambio de su ayuda, esperaba convencerles, los sarracenos recibirían su justo premio.

Musa encargó la invasión al mejor de sus generales, el nombrado Tariq. Éste mandó una avanzadilla de quinientos guerreros a las órdenes de Tarif Abú Zara, quien desembarcó en la punta que desde entonces es conocida como Tarifa. Era la eclosión primaveral de lo que pronto se llamaría Al-Ándalus, con los campos verdeando por doquier, y a su regreso los exploradores determinaron: «Esta tierra de leche y miel es la que tiene reservada el Profeta, alabado sea, para los que estén dispuestos a conquistarla con la fuerza de su brazo».

El informe animó a Musa a aceptar los navíos y los dineros que le ofrecieron los judíos, se concertó con los witizianos para lo que le convenía, pero juró por Alá que si lograba entrar en aquel jardín de las Hespérides, sólo por la fuerza habría de abandonarlo, como así sucedió pasados los siglos.

Los vientos eran contrarios,
la luna estaba crecida,
los peces daban gemidos,
por el mal tiempo que hacía.
Si duermes, rey don Rodrigo,
despierta por cortesía
y verás tus malos hados,
tu peor postrimería.

Así narra el poema de fronteras los malos augurios que se cernían sobre el rey Rodrigo. Los bereberes desembarcaron en la Bética en oleadas, hasta sumar 20.000 guerreros, todos muy ansiosos de hacerse con aquel paraíso. No tenían miedo a morir, ya que de no conseguir la victoria y morir en el combate, aún les aguardaba otro paraíso mejor, donde les esperaba el Profeta en compañía de las más hermosas huríes.

Los de don Rodrigo, sin embargo, se encontraban más desganados, quizá porque su superioridad numérica era manifiesta: doblaban en número a los sarracenos y todavía no sabían que entre sus filas había traidores.

Conforme a la costumbre de la época se concertaron en día y hora para dirimir la contienda, y los cristianos eligieron el 19 de julio, festividad de las santas Justa y Rufina, mártires y patronas de Sevilla, pensando que quienes tantas muestras de reciedumbre dieron a la hora del martirio les darían valor en semejante trance.

Aceptaron los moros y el lugar elegido fue el río Guadalete, que nunca fuera nombrado en la historia de no haber sido escenario de tan triste acontecimiento. Siempre corto de caudal, más lo era todavía en aquel mes de julio y, sin embargo, mereció el honor de que ambos ejércitos se alinearan en sus riberas en disposición de combate.

Según el conde Clonard, especialista en armas de infantería y caballería de los diferentes ejércitos hispánicos, los de don Rodrigo iban muy guarnidos de armas pesadas: vestían lorigas imbricadas de mallas de metal para preservar sus vidas, como muy temerosos de perderla, y se servían de grandes lanzas, espadas, hachas y hasta guadañas. Por contra, los moros iban muy ligeros de ropa, con el alfanje colgado al cuello, y montaban soberbios corceles cuya ligereza era prodigiosa.

La batalla duró ocho días, desde el 19 hasta el 26 de julio, todos ellos en medio de un calor infernal, lo que mucho perjudicó a quienes vestían de hierro. En los tres primeros días cada bando se estuvo en su ribera, flechándose los unos a los otros y valiéndose de catapultas y otras máquinas lanzadoras. Al cuarto día comenzaron los moros a atravesar el río, con poco esfuerzo por lo escaso de su caudal, y se enfrentaron con gran valor a los que se les oponían. En este punto el cronista del siglo VIII hace la siguiente reflexión: «Los moros, como muy convencidos de la suerte que les esperaba si perdían la vida, que era entrar en lo que ellos entienden por paraíso, muy ordinario por muy hermosas que sean las mujeres que lo habitan, se batían con denuedo y nunca daban la espalda; los cristianos, como si no confiaran tanto en el cielo prometido o temieran que habían de ir a los infiernos, volvían grupas cuando las cosas se tornaban recias, aunque no todos. Don Rodrigo no cedió un palmo de terreno ni evitó el cuerpo a cuerpo, a lo que no venía obligado, dada su realeza».

Al séptimo día, cuando más enconada estaba la batalla, se produjo el triste acontecimiento. Don Rodrigo, y con él don Pelayo y otros espatarios de la guardia regia, ocupaban el centro del combate como punta de lanza, y estaban en trance de cruzar el río cuando las alas de su ejército, mandadas por el obispo don Oppas y el conde Sisiberto, comenzaron a apartarse. «¿A do van?», clamó don Rodrigo. Y la respuesta que le trajo un mensajero de los traidores dicen que le satisfizo: iban a cruzar el río por un lugar apartado para poder tomar al enemigo por la espalda. Comenta entonces el cronista del siglo VIII: «No hiciera falta que ni don Oppas ni el conde Sisiberto se pasaran a combatir junto al moro: bastara con que dejaran abandonado a su suerte al rey Rodrigo, como así hicieron. Su majestad les vio alejarse del río por el camino que lleva a Medina Sidonia, y cuando el polvo que levantaban sus cabalgaduras los ocultó de su vista, tomó conciencia de la traición y de que el reino estaba perdido».

Nos cuenta el romance:

[...] El rey va tan desmayado, que sentido no tenía:
muerto va de sed y hambre, que de velle era mancilla;
iba tan tinto de sangre, que una brasa parecía.
Las armas lleva abolladas, que eran de gran pedrería;
la espada lleva hecha sierra de los golpes que tenía;
el almete abollado en la cabeza se le hundía:
la cara lleva hinchada del trabajo que sufría.
Subióse encima de un cerro, el más alto que veía,
desde allí mira a su gente cómo iba de vencida.
De allí mira sus banderas, y estandartes que tenía,
como están todos pisados, que la tierra los cubría.
Él triste, de ver aquesto, gran mancilla en sí tenía:
Llorando de los sus ojos de esta manera decía:
[...] ¡Oh, Muerte! ¿Por qué no vienes y llevas esta
alma mía
de aqueste cuerpo mezquino, pues te se agradecería?

Oyó la Muerte su súplica, y con gran honor, espada en mano, murió quien dicen que por su culpa se perdió un reino.

Su espatario más principal, el conde don Pelayo, estaba llamado a correr igual suerte, pues para nada se separó de su majestad, y aun procuró protegerle con su cuerpo, pero para fortuna de la cristiandad sólo resultó herido. Hecho prisionero, presto recobró la libertad, pues el moro Tariq quería tener por amigos a los que no se declaraban sus enemigos, y así dispuso leyes muy benévolas para todas las poblaciones que no se alzaran en armas contra él. De esta suerte logró llegar hasta Toledo sin apenas combatir, y luego siguió hasta la mar Cantábrica, dejando a un lado el territorio de los vascones.

Así fue como los sarracenos se hicieron con el reino visigótico en menos de dos años. El propio Musa, gobernador de toda la Mauritania, resolvió venir a España y desembarcó en Algeciras con 8.000 guerreros de a pie y 10.000 de a caballo para asegurar la conquista y que los godos perdiesen toda esperanza de recobrar su antiguo poderío.

Este Musa traía instrucciones del califa de Damasco sobre cómo tratar a los vencidos para que no se sintieran tales: nombró valíes con gran poder de gobierno, pero dejó a los españoles sus obispos, sus sacerdotes, su culto y sus jueces. Como el pueblo llano no recordaba con agrado a sus antiguos señores, cuya vida licenciosa les había ocasionado tantos males, no se lamentó del cambio. En cuanto a los judíos, ni se diga: recuperaron los bienes que les confiscara el rey Egica y pronto se hicieron con la administración de los caudales públicos.

A los nobles godos, dueños de territorios con muchos siervos, les hicieron pagar tributo, y en lo demás poco se metieron. Lo del tributo lo llevaban con mucho rigor, y si un condado no pagaba, tomaban como rehén al más principal, o a su mujer o a sus hijos, y no los soltaban hasta que el débito fuera satisfecho. Como este tributo, de todas formas, era menor que el que pagaban a sus majestades godas, los nobles se daban por satisfechos, y hasta los hubo que por dar gusto a sus nuevos señores se convirtieron al islam, aunque no fuera obligatorio.

Otra determinación del moro Muza fue llevar la capital del territorio a Córdoba. Cuando los de Witiza le recordaron que estaban allí para sentar en el trono a Agila II, tal como se había pactado, en la ciudad de Toledo, Musa lo tomó a chanza y con gran solemnidad proclamó que todos aquellos territorios, y otros que pensaban conquistar allende los Pirineos, quedaban sujetos a la soberanía del califa de Damasco. Los de Witiza hubieron de retirarse a unas pocas villas de la Tarraconense, a llorar su desgracia. El cronista del siglo VIII comenta: «Es de admirar que tan alta traición sirviera para tan poco».

El moro Muza hizo de Córdoba la ciudad más hermosa de toda la península, con baños, palacios, huertos y jardines por doquier, y como buen padre que era nombró valí o gobernador supremo a su hijo Abd al-Aziz. Lo que sucedió a continuación lo narra el cronista del siglo VIII en los siguientes términos: «No sólo nombró valí a su hijo Abd al-Aziz, sino que bien le aconsejó que debía matrimoniar con la señora Egilona, pues si desposaba a la que había sido reina con el último rey godo, en más sería tenido su valiato. A los comienzos resistiose el joven príncipe, hasta que conoció a Egilona y quedó prendado de su hermosura, que era mucha. Estaba la viuda en la flor de la edad, muy poco gastada para el amor, ya que el difunto rey Rodrigo no se dio con ella la maña que se diera con la Cava, y aunque por fuera todo eran tristezas, vestida de luto como correspondía a su condición de viuda, por dentro le brincaba el corazón y no hizo mala cara al príncipe, que era muy apuesto, quien le prometió que para nada tenía que cambiar de religión y que si era su gusto, que siguiera siendo cristiana. ¿Qué se hizo de don Pelayo, el que la amaba en silencio? ¿Qué se hizo de quien consintió el matrimonio con don Rodrigo porque le había besado la mano? ¿Qué se hicieron de los juegos y amores de adolescencia en la corte de Toledo? Si hubo recuerdos para aquel amor perdido, también hubo complacencia por el recibimiento que le hicieron en Córdoba, que no se lo hicieran mejor a la sultana de Bagdad, tal fue el alarde de flores, cánticos, corceles jugando cañas, más una corte de doncellas todas a cuidarla, a mimar su cuerpo con afeites desconocidos en la severa corte visigoda. Ante tal profusión de embelecos el corazón de Egilona se abrió como una flor ansiosa del rocío de la mañana, y presto olvidó al que le amaba en silencio.

»No sucedió otro tanto con don Pelayo, que dentro del dolor de perder a su rey y señor había concebido la ilusión de que la mujer amada estaba en condiciones de matrimoniar de nuevo, pasado el tiempo de luto, y cuando se enteró que el traidor obispo don Oppas la había casado sin respetar ese tiempo con el valí de Córdoba, quiso creer que en todo ello tuvo que haber engaño o fuerza, pues estando por medio don Oppas nada podía ser hecho a derechas.

»De semejante desvarío tardaría en enterarse, ya que primero anduvo por tierras de Toledo y luego subió hasta Cantabria, y cuando se enteró, la dulce Egilona estaba esperando un hijo del valí. ¿Fue en ese momento cuando juró que, en lo sucesivo, no convenía tener tratos de amistad con quienes se presentaban como amigos para luego quitarles sus mujeres? ¿O fue, más bien, cuando el gobernador Munuza pretendió desposar a su hermana?»

La autoridad indiscutible de Sánchez-Albornoz sitúa a Pelayo en Asturias a raíz de los acontecimientos relatados, quién sabe si rumiando sus desventuras, cuando una más viene a golpear su ánimo.

Era valí de Gijón, plaza muy hermosa al borde del mar, Abd Munuza, hombre joven, de no mala presencia y con fama de buen gobernador. Su valiato se extendía hasta Galicia, y su trabajo más principal era cobrar los tributos. Para su desgracia puso sus ojos en la hermana de don Pelayo con idea de desposarla. Este tipo de enlaces venían sucediendo con frecuencia, pues el califa de Damasco, hombre sabio, quería que la conquista se consumara no sólo por la fuerza de las armas, sino también por la de los corazones, y esto había de conseguirse mediante el matrimonio con los vencidos. Los moros pronto tomaron afición a las jóvenes de piel blanca, muchas de cabellos rubios, y las desposaron o tomaron por concubinas. De los enlaces nacieron hijos cetrinos, de ojos azules. Las doncellas cristianas tampoco pusieron reparos a esos enlaces, pues los moros eran menos rudos que los godos y más limpios. Al cabo de un par de siglos, según Menéndez Pidal, moros y cristianos estaban tan mezclados que sólo se les distinguía por la religión.

Sin embargo, Pelayo se opuso al enlace, y entonces la única ocurrencia del valí Munuza fue quitárselo de en medio. Así, so pretexto de un retraso en el pago de los tributos de los astures, lo hizo prender como rehén y lo desterró a la ciudad de Córdoba. Comenta el cronista del siglo VIII: «¿Cómo no había de arder en ira el corazón de quien primero perdía un amor a manos de los conquistadores y a continuación sufría semejante afrenta?».

Estuvo un año don Pelayo en Córdoba, muy cerca de la mujer amada, ya inaccesible para él, en infame prisión, humillado, hasta que el orgullo de quien había sido jefe de la guardia real del último rey godo afloró en todo su ser y determinó poner fin a tanto agravio. Logró escapar y, con gran esfuerzo, perseguido por las tropas del valí de Córdoba, alcanzó las montañas asturianas buscando refugio como la fiera herida busca la guarida que le oculte de quienes le quieren dar caza. Como narra el cronista del siglo VIII, «en esta oportunidad era una fiera herida en su orgullo y consiguió otro tanto de los montañeses reunidos en un gran monte cuyo nombre es Auseva, que se hallaban en *concilium* cuando don Pelayo se presentó en medio de ellos. Este *concilium* lo tenían para ver cómo habían de distribuirse el tributo que tenían que pagar al moro, y fue cuando don Pelayo les dijo que por qué habían de pagar al moro. A lo que algunos de los reunidos le replicaron que siempre habían pagado, antes a sus señores visigodos y ahora a los nuevos amos. Es de admirar que este don Pelayo pertenecía a la estirpe de los godos, y aquellos montañeses no y, sin embargo, le escucharon como si fuera uno de los suyos. Bien es cierto que les recordó que, godos o astures, tenían la fe común en Cristo, mientras que el moro adoraba a un falso profeta, que era a quien pagaban tributo. La determinación del *concilium* fue dejar de pagar y luego se vería».

Esto sucedía en el 718. En la lejana Córdoba no tomaron en consideración esta rebeldía pese a las quejas del valí Munuza, que pedía tropas. Sin embargo, no había ejércitos disponibles, ya que los musulmanes andaban en el empeño de conquistar las Galias y no podían distraerse con semejante menudencia.

Transcurrieron cuatro años sin pagar tributo y sin que nada pasara, por lo que, según la *Crónica de Alfonso III*, el prestigio de don Pelayo subió mucho entre los astures. No le nombraron rey porque los astures no estaban acostumbrados a tenerlos, pero en todo se comportaba como tal. Sin embargo, el mero hecho de no pagar tributo era poca cosa para don Pelayo, quien presto organizó partidas bien armadas que bajaban de las montañas para hostigar al moro y alejarlo de aquel territorio. Esto no lo podía consentir el valí Munuza, que, por fin, consiguió que se organizase un ejército a las órdenes del general Alkama, con no menos de 10.000 hombres, y del cual formaba parte el obispo don Oppas, que iba como conciliador para hacer ver a los astures cómo les convenía deponer las armas y pagar tributo, pues de no hacerlo sufrirían gran daño.

Peor valedor no podía traer el sarraceno, pues así que supo don Pelayo quien les brindaba la paz, advirtió a los suyos que, de deponer las armas, todos serían pasados a cuchillo, pues de don Oppas nada bueno se podía esperar, y les contó por menudo lo que sucediera en Guadalete. Así que allí mismo se concertaron sobre victoria o muerte y, como dice el cronista del siglo VIII, «de aquel juramento salió lo que había de ser la reconquista del reino».

En los primeros encuentros, en la parte del valle, salieron perdedores los astures y muy ufanos los de Alkama, sin caer en la cuenta de que don Pelayo los atraía poco a poco a angosturas donde mejor podía defenderse. Se replegaron los montañeses por el valle de Cangas, bastante amplio, para que pudiera pasar el ejército árabe, hasta llegar a una parte cerrada por el monte Auseva. Allí, en una peña tajada, se refugiaron «treinta asnos salvajes», según el decir de las crónicas árabes. Esta peña era la cueva de Covadonga, y los refugiados en ella no eran treinta, sino más de trescientos, que se distribuyeron por las escarpas que la rodean.

Tentó de nuevo la suerte don Oppas y le hizo ver a don Pelayo que estaban rodeados por un ejército muy poderoso y que ninguno saldría de allí con vida si no pagaban tributo y la correspondiente multa. A lo que don Pelayo, según la *Crónica Sebastianense*, replicó: «Confiamos en la misericordia del Señor, que desde este pequeño monte que contemplas se restaure la salvación de España y el ejército del pueblo godo, para que en nosotros se cumplan aquellas palabras proféticas que dicen: "Revisaré con la vara sus iniquidades y con el látigo sus pecados, pero mi misericordia no la apartaré de ellos". Por ello, aunque hemos recibido merecidamente una severa sentencia, esperamos que venga su misericordia para la recuperación del pueblo y del reino».

Así hablaba don Pelayo, según la crónica, porque al margen de los agravios personales, que eran muchos, estaba determinado a combatir al moro, sin cuartel, hasta conseguir la libertad. También consta que se había tornado muy piadoso y que se mostraba muy confiado, porque en la cueva en la que se habían refugiado se rendía culto a la Virgen María desde antiguo, y no dudaba de que la Señora les ayudaría en semejante trance.

El parlamento con don Oppas llevó su tiempo, y en un descuido del obispo, que se aproximó más de lo debido a la peña tajada, don Pelayo lo hizo tomar preso. El prelado no se podía creer que se atrevieran a poner sus manos sobre persona sagrada, pero preso fue y de él nunca más se supo.

A continuación comenzó el primer combate verdaderamente fiero que hubo entre moros y cristianos desde la batalla de Guadalete. La lucha se llevó con mucha habilidad por parte de don Pelayo y gran torpeza por el general Alkama, según el experto en arte militar conde de Clonard. El moro, orgulloso, fue a buscar al cristiano, mas en la estrecha cañada que conducía a la gruta no podía presentar más frente que el que tenía la abertura de la cueva, y sus flancos quedaban expuestos a los ataques de los astures colocados en las escarpas laterales. Pero aún fue mayor error ordenar que disparasen las máquinas de lanzar piedras, pues éstas rebotaban en las peñas y se volvían contra los mismos que las arrojaban, causando grandes estragos en sus propias filas. Otro tanto les sucedía a los arqueros con sus flechas. Por su parte, los cristianos, que estaban situados en las partes más escarpadas, comenzaron a lanzar troncos de árbol, de los que tanto abundan en aquella parte, y a provocar desprendimientos apalancando peñascos que hicieron gran destrozo entre los sarracenos, sembrando el pánico y el desconcierto. Parecía que los cielos airados hacían llover sobre ellos aquella pesadilla.

El general Alkama, en lugar de disponer una retirada ordenada, se obstinó en no consentir semejante agravio de «treinta asnos ignorantes», y a la cabeza de los suyos intentó la subida a la cueva y allí perdió la vida. «Con honor —como dice el conde de Clonard—, pero con torpeza». Caer herido de muerte el caudillo árabe y ponerse el ejército en desbandada todo fue uno. Y ahí lució especialmente el genio guerrero de don Pelayo, que hizo suya la vieja divisa de «divide y vencerás», y se fue tras los que huían, que lo hicieron de mala manera, esparciéndose por abruptas gargantas donde los iban matando los astures. Las mujeres también tomaron parte en el combate, unas preparando piedras, y las más bravas lanzándolas.

Cuando corrió la noticia del triunfo cristiano se comenzaron a incorporar otras gentes a las huestes de don Pelayo, entre ellos algunos godos de los que se habían refugiado en aquellas montañas. Todos eran bien recibidos y muy animados por don Pelayo, que les hacía ver que aquél no era sólo el camino de la libertad, sino también el del provecho que habían de sacar con el botín, ya que muchos de los moros que iban cayendo traían encima de sí importantes riquezas de pedrería en las empuñaduras de sus alfanjes.

Lo que se tiene por milagro, según la *Crónica Rotense*, fue lo que sucedió en un lugar llamado Cosgaya, en la orilla del río Deva, adonde llegó el ejército en retirada, ya más ordenado. Cuando se disponían a hacer frente a los que les perseguían, se produjo un desprendimiento de tierras en la ladera izquierda, de tal magnitud que sepultó a muchos de los sarracenos y a otros los lanzó al río, en donde murieron ahogados.

«¿Cómo se entiende si no —dice la *Rotense*— que tan pocos pudieran con tantos? ¿Cómo se entiende que un ejército tan nutrido como el que mandaba don Rodrigo en la batalla de Guadalete pereciera a manos de los que eran menos, y pocos años después sólo un puñado desbaratara a todo un ejército?». Y concluye que fue favor de la Virgen de Covadonga. Otros historiadores modernos entienden que pudo ser un *argayo* o corrimiento de tierras, que son frecuentes en aquellos valles.

En cualquier caso providencial fue para don Pelayo y sus huestes, porque a partir de tan sonada victoria fueron muchos los que se incorporaron a su ejército y así pasó de la defensa al ataque. Por eso se puede decir con justicia que en Covadonga se inició la reconquista de España.

La siguiente hazaña no fue menos sonada y, es de suponer, muy del gusto de don Pelayo. La derrota del general Alkama puso sobre aviso al gobernador Munuza, el cual, como no disponía de fuerzas para enfrentarse a los rebeldes, inició una retirada hacia la ciudad de León, en donde había una nutrida guarnición árabe. Sin embargo, por el camino fue sorprendido en un lugar conocido como Olalíes[5] por las tropas de don Pelayo, que dieron cuenta de todos ellos, incluido el propio Munuza, que según la leyenda perdió la vida a manos de don Pelayo, a quien se le dio poco dejar viuda a su hermana.

A partir del suceso de Olalíes el moro no volvió a pisar territorio astur. Don Pelayo ordenó el territorio como si fuera su rey, pero nunca llegó a ser elegido como tal.

5. Parece que se corresponde con la actual Proaza.

La batalla de El Cuarte, primera derrota de los invencibles almorávides

Después de la victoria de Covadonga se inicia una reconquista que había de durar siglos. Alfonso I, yerno de don Pelayo, consolida el reino asturiano. Con audacia, y aprovechándose de las desavenencias entre los musulmanes, logra llevar las fronteras del reino hasta el valle del Duero. Sin embargo, a mediados del siglo VIII emerge de entre los árabes una figura que será valladar de las aspiraciones cristianas: Abderramán I, príncipe omeya del que se sabe que era alto, rubio, poeta y, sobre todo, gran guerrero. Eleva a Al-Ándalus a la categoría de emirato independiente y pone fin a las contiendas entre musulmanes. Es el fundador de la dinastía hispano-omeya. Él y sus sucesores —el más señalado Abderramán III, fundador del califato de Córdoba— mantienen a los astures en su reducto. El máximo avance cristiano llega tan sólo hasta León.

En el siglo X aparece otra figura musulmana de notable relieve: Almanzor, hombre de inteligencia poco común, gran ambición y notable falta de escrúpulos.

Desplegó una actividad devastadora contra los cristianos, asoló Castilla y llegó a conquistar Pamplona. Por fortuna para los cristianos, murió repentinamente, lo que permitió cierta recuperación en los reinos del norte después de veinte años de saqueos casi continuos. Además, a la muerte de Almanzor la dinastía omeya entró en decadencia, y los diversos señores que aspiraban al poder se independizaron de Córdoba, creando una multitud de pequeños reinos musulmanes denominados de taifas. Se había roto la hermandad islámica, y los cristianos se aprovecharon, exigiendo a esos reyezuelos unos tributos especiales denominados parias.

Así llegamos a un siglo clave, el XI, en el que luce con especial brillo un personaje que se mueve entre la realidad y la leyenda: Rodrigo Díaz de Vivar, el Cid Campeador. Han pasado cuatro siglos desde que los árabes desembarcaron en Tarifa. En tan largo periodo de tiempo ha sido inevitable el establecimiento de una estrecha relación entre moros y cristianos, y la consecuencia es que esta época se caracteriza por una razonable convivencia de las tres culturas que habitan la península Ibérica: árabe, cristiana y judía.

La convivencia no era, en realidad, tan difícil en los territorios musulmanes: Mahoma había prescrito la tolerancia para las otras religiones del Libro, y además el sentido islámico se encontraba muy debilitado entre los musulmanes españoles. Tampoco había problemas por diferencias de raza. Gran parte de los musulmanes hispanos eran iberorromanos o godos convertidos a la cultura islámica, muy superior a la cristiana por aquel entonces. Además era habitual que los árabes desposaran o tomaran como concubinas a las rubias célticas del norte o a las de origen eslavo que se habían asentado en el Levante. Baste considerar que en el año 997 los reyes de León y de Navarra obsequiaron al vencedor Almanzor con sus hijas, para que las tomara como esposas o como esclavas.

La mezcla de razas era total. El rey Motámid de Sevilla, coetáneo del Campeador, era famoso por lo rubio de sus cabellos, ya que era hijo de eslava. Y el rey Alfonso VI, monarca del Campeador, tuvo su único hijo varón, heredero legítimo, de una princesa mora, Zaida, pese a estar él casado con la reina Constanza de Francia.

La cultura de la lengua árabe era la predominante en este siglo, y consta que el Cid Campeador la hablaba e incluso la escribía. La corte mora de Sevilla era famosa por su esplendor literario, y la de Zaragoza por la afición de sus monarcas a las ciencias matemáticas y la astronomía.

Los monarcas islámicos, muy poco religiosos, se entregaban a sus aficiones culturales y a los placeres del harén, prefiriendo pagar parias a los señores de Castilla para que les protegieran de sus enemigos. Así surge en este periodo la figura del «protector», que con tanto acierto desempeñó el Cid Campeador poniéndose al servicio de reyes moros cuando Alfonso VI lo desterró de Castilla.

Por su parte, los judíos tenían un papel muy destacado y respetado: se ocupaban de administrar los caudales tanto de los árabes como de los cristianos, y de financiar las guerras que mantenían entre ellos. El Cid tendrá grandes amigos, que le serán fidelísimos, tanto entre los árabes como entre los judíos.

La guerra en esta época hay que entenderla no en el

sentido total, sino de algaras entre reinos o facciones vecinas. Era un modo admitido de ganarse la vida. Como no existían bancos ni lugares seguros donde depositar las riquezas, los caballeros entraban en combate con sus tesoros encima, en forma de rica pedrería en las empuñaduras de sus armas, o de vestimentas enjoyadas, etcétera. El despojo o botín era el fruto que obtenía el vencedor. También el rescate por precio, cuando el enemigo apresado era de renombre.

La cultura castellana se mostraba en aquella época muy inferior a la andalusí. Sólo se salvaban, en este sentido, los monasterios benedictinos, famosos por la sabiduría y santidad de sus monjes. Parece ser que el Cid Campeador aprendió el árabe en el monasterio de Cardeña, del que era protector.

A comienzos del siglo era emperador de León y Castilla Fernando I, de origen vasco —o vascón como se decía entonces—. Pese a ser el monarca más importante de su tiempo, su poder se extendía a un territorio no demasiado extenso, pues quedaban excluidos de su jurisdicción todo Al-Ándalus, el reino de Toledo, el Levante, Cataluña, y la Cerdeña, y buena parte de Navarra y Aragón. Sin embargo, su prosperidad se basaba en su condición de protector de buena parte de los reinos de taifas, a los que cobraba parias. Y a su vez esto lo conseguía gracias al prestigio de sus caballeros, todos excelentes guerreros. Considérese que en ocasiones las contiendas se dirimían en una lid singular entre caballeros armados, y precisamente de este modo comenzó la fama del Campeador.

A la muerte de Fernando I el reino se dividió entre sus tres hijos varones, Sancho, Alfonso y García, decisión que influirá mucho en la vida del Cid. Rodrigo Díaz de Vivar, «maravilla de la creación» según el historiador musulmán Ibn Bassam, nació en Vivar, cerca de Burgos, en el año 1043, y por su origen pertenecía a la nobleza infanzona, es decir, que no era demasiado importante. Sin embargo, su rango le permitió educarse en la corte junto al infante don Sancho, quien le nombró su alférez real cuando accedió al trono de Castilla. Su destreza con las armas era tan excepcional que se corrió la leyenda de que una bruja le había encantado de forma que nunca pudiera ser herido por sus enemigos.

Como alférez real intervino en lid singular contra otros caballeros armados en diversas ocasiones. La más sonada fue contra el conde de Lizarra, en Navarra, para solventar un litigio acerca del castillo de Pazuengos. El señor de Lizarra tenía fama de invencible, pero el joven Rodrigo le dio muerte en el palenque. También degolló al moro Hariz, en Medinaceli, y por esta y otras hazañas comenzó a ser nombrado entre musulmanes y judíos como el Cid Campeador. La palabra Cid viene del árabe «*sidi*», que significa «señor»; Campeador procede de su habilidad y fuerza en el campo de batalla.

Mas tanta destreza no pudo impedir que su señor natural, el rey don Sancho, fuera asesinado por Bellido Dolfos en el sitio de Zamora. En ese momento se presenta una de las grandes tentaciones del Cid: los caballeros castellanos jóvenes quieren coronarle rey, lo cual no era inusual con arreglo al Fuero Viejo de los godos, que contemplaba la posibilidad del monarca electo. Sin embargo, el Campeador replica que si el hermano de don Sancho, el rey Alfonso, mantiene bajo juramento que nada ha tenido que ver en la muerte de su hermano, le besará la mano y le reconocerá como su señor. Rodrigo, en su calidad de alférez real, toma juramento a don Alfonso en la iglesia de Santa Gadea, y desde ese momento le será fidelísimo. Don Alfonso, mal aconsejado por su favorito, el conde García Ordóñez, conocido como el *Boquituerto*, no sabrá aprovechar esa fidelidad, y por diversos motivos desterrará de Castilla al Campeador.

Con arreglo al Fuero el caballero desterrado tenía derecho a ganarse el pan en tierra de moros, siempre que no fuera en territorio sujeto al protectorado del monarca castellano.

Pasan los años y el Cid, al frente de sus mesnadas, en las que están los mejores caballeros de Castilla, con Álvar Fáñez Minaya y Martín Antolínez a la cabeza, se dedica a acumular riquezas depredando castillos árabes hasta que, ya bien casado con Jimena Díaz, y cansado de ir de un lado para otro, decide ponerse al servicio de algún rey cristiano que le permita llevar una vida más sosegada. Como su señor natural, el rey Alfonso, estaba empeñado en diversas conquistas por el sur de la península, el Campeador toma el camino del norte para no tropezarse con él. Así se dirige a Barcelona con la intención de concertarse con Berenguer II, el Fratricida, que recibe este nombre porque había hecho asesinar a su hermano, Ramón Cabeza de Estopa. Por el camino se le presenta, a la altura de la raya con Lérida, el judío Elifaz, considerado el hombre más rico del mundo, cuyos intereses llegaban hasta el Lejano Oriente, y que estaba a punto de cumplir los cien años. Era devoto en extremo del Cid Campeador y, convencido de su estrella indeclinable, ya desde el duelo de Pazuengos le había dado dineros para comprar su armadura y, más tarde, a raíz del destierro, le hizo un empréstito para armar a sus mesnadas. El *Cronicón Ilerdense* recoge el siguiente diálogo entre ambos:

—¿A do va mi señor, el Cid Campeador? ¿Es posible que vengas hasta este extremo del mundo para ponerte a las órdenes del rey más roñoso que conozco?

—La obligación de un caballero cristiano es servir a un rey cristiano —replicóle el Campeador.

—¿Cristiano llamas a quien ha asesinado a su hermano para quedarse él solo con las parias que paga el rey de Lérida? Déjate de andar buscando dueño quien no lo necesita. Tengo dinero para comprar más de un reino y no quisiera marcharme de este mundo sin verte rey de uno de ellos. Por pequeño que fuera tú pronto lo harías grande.

—¿Comprar un reino? —extrañose el Campeador—. Los reinos no se compran, se conquistan.

—Así es, mi señor —reconoció Elifaz—, pero hay muchas maneras de conquistarlos, y a veces la más sencilla y la menos sangrienta es por medio del dinero.

Y pasó a detallarle cuántos modos había de comprar los territorios y las personas de toda condición y linaje, incluidos reyes y visires, y qué gran negocio podía ser un reino bien administrado. A continuación, como hombre muy versado en riquezas, le hizo ver las que encerraba el Levante español.

—Si ese reino fuera el de Valencia —explicole— serías el monarca más rico de la Tierra, y ahora nos podríamos hacer con él por muy poco dinero. En estos momentos no tiene rey ni señor conocido. Se lo disputan reyezuelos de taifas que con sólo saber que vas de camino echarían a correr. Los valencianos, tanto moros como cristianos, te recibirían en triunfo porque están aburridos de sus señores, que les obligan a pagar tributo hasta de la cebada. Ese reino en paz y trabajando a las órdenes de un buen señor sería como el jardín de las Hespérides, y sus frutos maravillosos se venderían hasta en el sultanato de Damasco.

El Cid escuchole embelesado, porque oír a Elifaz hablar de negocios era tan hermoso como escuchar un poema de amor, pero le advirtió compungido:

—Lo siento, Elifaz, pero he proclamado a los cuatro vientos que no he de guerrear por cuenta propia, y ahora no puedo faltar a mi palabra.

Se refería al compromiso contraído con el rey Alfonso, cuando le besó la mano, de no alzarse con un reino que pudiera enfrentarse al de Castilla.

—¡Qué desgracia —se lamentó Elifaz— que el único caballero cristiano que cumple su palabra se comprometa a lo que no debe! ¿No has pensado, acaso, en tu familia? ¿No has pensado, acaso, en qué buena reina haría doña Jimena, tan hermosa y altanera? ¿Y tus hijas? —el Campeador tenía ya dos hijas—. Los hijos de los reyes de todo el mundo vendrían a pedirlas en matrimonio.

A todo lo cual el Campeador, con los ojos llenos de lágrimas, replicó:

—Es la cosa más hermosa que he oído en mi vida, y por eso mismo sé que es imposible que pueda ser verdad.

Según el citado *Cronicón* el judío Elifaz murió de allí a poco, pero Rodrigo Díaz de Vivar se quedó con la comezón de que su estrella habría de brillar hacia el Levante español, y desde ese día comenzó, al frente de sus mesnadas, a conquistar villas y poblados de aquella región, procurando establecer un estatuto que hiciera posible la convivencia entre vencedores y vencidos, con provecho para ambos, y siempre salvadas las prerrogativas del rey Alfonso.

Sin embargo, un nuevo peligro se cernía sobre la península Ibérica: el emir almorávide Yusuf Ben Tashufin. Este emir había declarado la guerra santa en el norte de África, con tal fervor que en pocos años había convertido al islam casi toda la inmensidad del Sáhara. La extensión de sus dominios era de seis meses de camino a lo largo y cuatro meses a lo ancho, según la medición del Cartás árabe. Predicaba una austeridad muy distinta de la molicie de los musulmanes españoles, ya que limitaba el número de mujeres a cuatro —tal y como prescribe el Corán—, destruía los lagares y tiendas de vino, y rapaba el pelo al cero a cantoras y odaliscas. Sin embargo, era bien recibido por el pueblo, ya que había abolido todos los tributos que no fueran el diezmo autorizado por el Corán.

El líder de los almorávides había conseguido reunir un ejército famoso por sus escudos de piel de hipopótamo y por su austeridad, ya que eran capaces de recorrer leguas y leguas, sobre sus camellos, sin más alimento que una pasta que hacían con la leche de las camellas. Entraban en combate con grandes alaridos y estruendo de tambores y atabales, de suerte que la caballería enemiga salía de estampida ante tan horrísono estruendo.

A favor del emir Yusuf se concitó el afán conquistador del rey Alfonso, que con gran entusiasmo y exigencia llegó a dominar hasta ochenta territorios con mezquita, sin contar aldeas y alquerías, desde el cauce izquierdo del río Tajo hasta la linde con el reino de Sevilla. Los reyes moros de Al-Ándalus se apresuraron a mandar embajadores a Castilla comprometiéndose a entregar las parias puntualmente —cosa que no siempre hacían— y la respuesta del monarca fue altanera: a partir de ahora se las pagarían duplicadas.

El rey Motámid de Sevilla, cuya fama como poeta alcanzaba hasta Damasco y cuya corte era la más suntuosa de todo Al-Ándalus, rompió de manera ostensible la carta en la que el rey Alfonso, que firmaba como *Imperator totae Hispaniae*, le duplicaba las parias, y proclamó a los cuatro vientos:

—Prefiero pastorear los camellos de los almorávides que guardar puercos entre los cristianos.

Lo que significaba que estaba dispuesto a llamar en su ayuda a los feroces guerreros africanos para no seguir sufriendo la opresión de quien se titulaba «emperador de toda España». Estaba casado el rey Motámid con la sultana Romaiquía, famosa por su belleza y su vida disoluta, quien advirtió a su regio esposo:

—¿Pero no te das cuenta de que con el rey Alfonso, que es de nuestra misma raza y condición, siempre nos hemos de entender? ¿No comprendes que tiene nuestras mismas aficiones y aunque se diga cristiano le gusta el harén tanto como a nosotros? En cambio, ¿cómo vas a entenderte con esos fanáticos del desierto que son todavía más sucios que los cristianos? ¿Cómo te vas a inspirar para escribir tus poesías si te privan del vino? ¿Que Alfonso te pide el doble de las parias? ¡Pues tú pides el triple a tus súbditos y aún sales ganando!

Es cierto que el rey Alfonso era famoso por su afición a las cantoras árabes, y uno de los méritos de su favorito, el Boquituerto, era facilitárselas. Pero no podía el rey-poeta desdecirse de su propio ingenio, y encantado con la metáfora de los camellos almorávides y los cerdos cristianos, la hizo salmodiar desde los alminares y se convino con los reyes de Badajoz y Granada para invitar a Yusuf Ben Tashufin a atravesar el estrecho en su ayuda.

No se hizo de rogar el emir. Pidió que desalojaran la ciudad de Algeciras para poder desembarcar con sus tropas y, después de una cuarentena de ayuno y oración, se embarcó el 30 de junio de 1086. Con vientos favorables, señal de buen augurio, en menos de seis horas un ejército de 100.000 hombres desembarcaba en las playas de Algeciras. A continuación, en enormes barcazas, comenzaron a pasar los famosos camellos almorávides, inestimables colaboradores en la guerra. Cuando le llegó la noticia al rey Alfonso, clamó despectivo:

—¿Qué andan buscando esos piojosos por aquí?

—Esos piojosos, señor, dicen que son 100.000 —le informó el Boquituerto.

—Pues en tal caso no llegarán ni hasta Sevilla. ¿Cómo se va a alimentar esa multitud a través de las marismas del sur que no dan ni para comer a los pájaros?

Pero acostumbrados los almorávides, pueblo nómada, a las grandes travesías por el más grande de los desiertos del mundo, no tuvieron ninguna dificultad en vadear sierras y marismas alimentándose de leche de camella y dátiles secos. A la cabeza marchaba el emir Yusuf, con el rostro cubierto al uso de las tribus del desierto. Sólo se lo descubría cuando tenía que infligir o presidir castigos corporales. A sus mismos generales, cuando no cumplían exactamente sus órdenes, los flagelaba de su propia mano con un látigo de piel de hipopótamo. Tal castigo era señal de especial deferencia, y los generales besaban su mano después de recibirlo y consideraban aquel rebenque sagrado, y como tal era reverenciado.

Quien había conquistado un imperio en África que requería seis meses para atravesarlo no era corto de luces para negocios de guerra, y siguió avanzando sin descanso —los almorávides dormían cabeceando sobre sus camellos— hasta llegar a Sagrajas, a tres leguas al oriente de Badajoz. Después de estudiar el terreno, determinó:

—Aquí hemos de esperar a los cristianos si se atreven a venir.

Llevaba tantos años el rey Alfonso corriendo a los moros que no podía desperdiciar aquella nueva ocasión. Además, estaba reciente en el ánimo de los cristianos el descuido que cometieron con Almanzor, a quien por no cortar el paso a tiempo, pudo llegar hasta la mar Cantábrica sembrando la desolación a su paso.

El Boquituerto, aunque mal caballero, era buen trujimán, y consiguió que le enviasen refuerzos los reyes de Francia, Italia y Aragón, hasta reunir una armada de 50.000 jinetes, 30.000 infantes y más de 3.000 caballos de repuesto.

La reina Constanza, conocida por su prudencia, advirtió a su regio esposo: ¿no convenía que llamase también al Cid Campeador? Su majestad, conocedor del buen juicio de su esposa, vaciló, pero el Boquituerto, como siempre, malmetió: ¿cómo iba a poner a disposición de un desterrado el más poderoso ejército que había conocido la cristiandad desde los tiempos de Carlomagno?

La batalla tuvo lugar el 23 de octubre de 1086, con una primera embestida de las tropas cristianas con el rey Alfonso a la cabeza, que consiguió abrir una brecha que hacía presagiar victoria. Divisaban ya los cristianos el puesto de mando del emir, protegido por su guardia negra, cuando por un otero que había a la derecha descendió el mejor de los generales africanos, Cir Ben Abú Bakr, cuya fama en Oriente decían que superaba a la del Campeador en Occidente. Venía al frente de zenetes, gomeres, mesmudas y demás cabilas del Magreb, galopando sobre gigantescos camellos que con sus berridos sembraron el terror entre los corceles de los cristianos, al punto de dar con sus jinetes en tierra. El choque entre ambos ejércitos fue brutal y ensordecedor. Los cristianos, desconcertados ante aquel muro de cuerpos humanos que se sucedían en oleadas que parecían no tener fin, lucharon chapoteando entre cadáveres hasta que mediada la tarde se supo que el rey Alfonso, con bravura no exenta de imprudencia, había resultado herido, siendo retirado del combate por sus fieles. Fue el principio del fin de aquella descomunal batalla. Los almorávides persiguieron al ejército en retirada, degollando a cuantos encontraban a su paso, sin molestarse en hacer prisioneros para pedir rescate, como era costumbre en pueblos más civilizados.

El emir Yusuf mandó levantar alminares con las cabezas de los cristianos degollados, sobre los que treparon los almuédanos para rezar con gran fervor la oración de la mañana y anunciar el triunfo del islam sobre la cristiandad. Luego dispuso las cabezas en trescientos carros, que las condujeron a través de los caminos, para dejar constancia de la derrota, hasta llegar a Algeciras. Allí cargaron tres naves que cruzaron el estrecho para que en el Magreb pudieran festejar también la gran victoria africana.

En el siglo XI la vida tenía otra cadencia e incluso las guerras se tomaban con más calma. Por eso el emir Yusuf, después de la victoria de Sagrajas, se tomó un largo ticmpo para asentar su poderío en Al-Ándalus, dedicando buena parte de él a desmontar las viciosas costumbres de los moros españoles. No dudó en servirse, si era necesario, de su rebenque sagrado. En cierta ocasión el rey Motámid de Sevilla, que ya había probado el rebenque, le advirtió sumiso:

—Aunque hubiéramos vencido a todos los reyes de España, mientras no hayamos derrotado al Campeador no podemos estar ciertos de nuestra victoria. Te lo digo yo, que le conozco bien.

A lo que el emir le replicó:

—Pero a quien no conoces bien es a mí. Según me lo vaya indicando la Providencia iré conquistando todos los reinos cristianos y no cometeré el error que cometió Almanzor de detenerse en los Pirineos.

Uno de sus principales generales, Mohammad, que estaba presente, le pidió el honor de enfrentarse al de Vivar cuando el Profeta lo determinara. Este general había sido seducido por la hermosa sultana Romaiquía, y cuando el atropello llegó a oídos del emir, también conocido como «príncipe de los creyentes», le midió varias veces las costillas con el látigo sagrado, con tal rigor que durante un mes no pudo levantarse de su yacija.

Este príncipe de los creyentes, mirando a lo alto, prosiguió:

—Subiremos por toda la Europa, convirtiéndola palmo a palmo para el islam y degollando a todas las mujeres rubias que son la perdición de los hombres del desierto, hasta llegar a Roma.

Por su parte, el rey Alfonso, después de probar la amarga medicina de Sagrajas, no quería repetir a menos que contara con la ayuda de todos los ejércitos cristianos de Europa, y a tal fin mandó al Boquituerto primero a Francia y luego a los restantes países vecinos. Entre tanto se estuvo quieto en su reino de León.

Cuando la derrota de Sagrajas llegó a oídos del Campeador, derramó amargas lágrimas de dolor. Mas cuando se repuso, después de múltiples vicisitudes que no contamos porque harían este relato interminable, logró hacerse con la ciudad de Valencia. Venció a todos los reyes y arraeces moros, que eran muchos en Levante, y de paso derrotó al conde Berenguer de Barcelona, que también tenía puestas sus miras en Valencia.

A esta ciudad la sitió por hambre, y cuando a sus pobladores no les quedaban ni ratas que comer, se la entregaron, muchos de sus habitantes gustosos, pues Rodrigo Díaz de Vivar había cosechado fama de buen gobernador. La rendición tuvo lugar el 15 de junio de 1094, y el siguiente lunes, día 19, mandó reunir a todos los caballeros de la ciudad. Subido sobre un estrado adornado de ricas alfombras y tapices, con Jimena sentada a su derecha, leyó en un árabe sencillo, no exento de elegancia, las disposiciones para que en aquella hermosa ciudad pudieran convivir gentes de todas las razas y religiones, trabajando los campos y comerciando por mar y por tierra. Públicamente juró que bajo ningún pretexto se cobraría a nadie más del diezmo que señalaba el Corán.

Cuando la noticia de la rendición de Valencia llegó al príncipe de los creyentes, proclamó:

—Ésta es la señal que estaba esperando de los cielos. Por fin el Altísimo va a permitir que los infieles conozcan la fuerza de mi brazo. Hasta ahora los que se nos oponían eran como cañas secas que quiebra el viento.

Razón para discurrir así no le faltaba, pues las victorias almorávides habían sido ininterrumpidas y su imperio se extendía hasta Coimbra por el oeste y hasta Santa María de Oriente por el este, y no iba más allá porque el emir Yusuf decía a sus impacientes generales:

—Esperad que derrotemos al que se está trajinando Valencia y desde ese momento avanzaremos por toda Europa al paso de la andadura de nuestros camellos, porque ya nadie se atreverá a oponerse.

Y se dispuso a la conquista de todos los climas del orbe, tanto conocidos como desconocidos. Y como eso podía llevarle más de una generación, mandó cruzar el estrecho también a las mujeres, para que los guerreros no tuvieran que recurrir a esas hembras rubias que tan mal resultado habían dado al islam en anteriores invasiones. Incluso sobre almadías, que construyeron con troncos de palmera, se atrevieron a pasar quinientos elefantes.

Con gran prudencia no se decidió a remontar el mar azul, camino de la perla de Levante, hasta que Andalucía no se convirtió en una mancha oscura de guerreros almorávides al mando de los generales Cir Ben Abú Bakr, Ben Ayixa y Mohammad. A los que llegaban de África se unían los moros de la península que, convencidos de que se había acabado el dominio cristiano, se resignaban a cambiar el paraíso andaluz por el que les prometía el emir.

Si el príncipe de los creyentes era prudente a la hora de preparar una batalla, el Campeador no lo era menos. Hizo venir guerreros de los que habían tomado parte en la batalla de Sagrajas, y les hizo explicar cuál fue la disposición de los almorávides en aquel trance; preguntó cómo eran los arqueros turcos y cómo sus arcos; cómo eran los tambores y atabales africanos y por qué hacía tanto daño su ruido; cuál era la altura de sus camellos y qué clase de berridos proferían. La descripción de los escudos de piel de hipopótamo, de tales proporciones que a su sombra podían echar la siesta, le interesó mucho. A la sazón usaban los caballeros cristianos adargas redondas, de piel de cabra, con escasos refuerzos metálicos. Entonces el Campeador ordenó a los herreros de Alcudia fabricar escudos de diversos tamaños, con bastidor de hierro y duelas de madera, pero no acertaban con lo que su señor quería hasta que un vascón de la mesnada, de la parte de las montañas de Ipúzcoa, hombre de pocas palabras, comentó delante de sus capitanes:

—Mejor que eso ya hacemos allí.

Llegó la información a oídos del Campeador, quien sabedor de lo aplicados que eran los vascos para trabajar el hierro, les hizo el encargo de forjar los escudos. Así fue como se inventó el escudo de hierro y madera que a partir de entonces usaron todos los caballeros cristianos hasta bien entrado el siglo XV.

El emir Yusuf, mientras tanto, había fijado su residencia en Denia. Para el asalto a Valencia mandó por delante al general Mohammad, y colocó al general Cir Ben Abú Bakr en posición escalonada en Gandía. En conjunto sumaban 150.000 guerreros, de a caballo o en camellos, además de 3.000 peones y la correspondiente dotación de máquinas de guerra y elefantes.

Dicen que el Campeador mandó espías moros, muy adictos a su persona, que fingieron mostrarse muy gozosos con los que venían a liberarles del cristiano, y les aconsejaron que para dar de comer a tanta caballería debían ir al valle del Cuarte.

Fueron los del general Mohammad a comprobarlo y vieron que era un valle de gran frescor, cuajado de algarrobos, muy propio para alimentar al ganado. Como pese a su superioridad numérica era previsible que aquel famoso caballero cristiano opusiera tenaz resistencia en ciudad tan bien guarnecida, procedieron a preparar el sitio con calma y eficacia. Lo primero que hicieron fue levantar su campamento en el Cuarte, donde plantaron no menos de 5.000 tiendas de piel de camello para los guerreros, sus mujeres y los niños que se habían llevado con ellos.

Les llevó quince días el asentamiento, y a su término el general Mohammad, conforme era costumbre, se presentó a saludar a los sitiados de Valencia en la puerta principal, llamada de La Culebra, con todos sus capitanes y lo más granado de su ejército, incluidas las mehalas de camellos y los tambores y atabales. El saludo comprendía el que se rindieran cuanto antes, ya que enfrente tenían a los que eran más y contaban de su parte al verdadero Dios. El Cid le mandó decir:

—No nos rendimos. Sabemos que estamos sitiados por un guerrero invencible, pero confiamos en una escuadra que ha de cruzar el mar, desde Italia, en nuestra ayuda, y sería una desatención no esperar a los que se molestan en atravesar la mar para ayudarnos.

El general Mohammad, acercándose mucho a las murallas, le contestó de su propia voz:

—Por muchos guerreros que crucen el mar, ¿qué son comparados con los que reunimos nosotros desde Algeciras hasta aquí? Ten en cuenta que todavía no han terminado de pasar el estrecho todos los que han de venir de África.

—Por lo menos —le contestó el Cid también de propia voz— déjame que vea cuántas son las naves que vienen de Italia.

El general Mohammad, que tan buen recuerdo guardaba de sus amores con la bella Romaiquía, no resistía la tentación de lucirse —aprovechando que no le veía el emir de los creyentes— ante tantas damas como se vislumbraban entre las almenas, y acercó su caballo caracoleando, mostrándose entre cortés y desdeñoso con el gobernador de la plaza.

—Con mucho gusto esperaría y más grande sería nuestra victoria, porque empezaríamos por derrotar a los que dices que llegan por el mar, pero considera que no tenemos mucho tiempo que perder. Nos queda, todavía, un largo camino hasta Roma.

Siguió argumentando el Campeador por ser costumbre negociar las guerras, fijando incluso el día y hora de su celebración, pero con la nobleza en él habitual advirtió al presumido general africano:

—De todos modos no os acerquéis demasiado a las murallas, porque en guerra estamos y, a nada que podamos, procuraremos traspasaros.

Y como prueba de sus palabras le lanzó con el brazo un asta, a modo de jabalina, con tal destreza y buena dirección que fue a clavarse a los pies de su caballo.

—Os agradezco la advertencia —le replicó el almorávide, molesto.

A continuación mandó acercar las máquinas de guerra, que eran seis torres de madera de treinta pies de altura que, arrastradas por los enormes elefantes, hicieron flaquear el corazón de los sitiados, y alguna dama de las que seguían las conversaciones desde las almenas se desmayó. Las dejó bien emplazadas y dijo antes de retirarse:

—Mañana volveremos con más.

Aquella misma noche, en la ciudad sitiada, comenzaron las procesiones de rogativa encabezadas por el obispo. Los penitentes, iluminándose con grandes antorchas, pedían con mucha devoción que llegase lo que había de venir por el mar. Pero los moros de Valencia, mirando de reojo la extensión y altura del poder almorávide, se decían unos a otros: «Tiene razón el general africano. Por muchos barcos que vengan de Italia, ¿cuántos guerreros pueden contener? ¿Qué pueden significar frente a quienes tienen tantos soldados como arenas el desierto?».

El Campeador lo que esperaba del mar no eran naves, que sabía no habían de llegar, sino otra ayuda del cielo, que seguía mostrándose azul y cálido pese a que el otoño estaba a punto de terminar.

Cumplió el general lamtuní su palabra y al día siguiente estrechó el cerco con nuevas máquinas, procurando lucir mucho ante los sitiados los elefantes y practicando tambores y atabales sobre camellos al galope. Al mismo tiempo desplegaba, hasta perderse casi en el horizonte, las tropas de arqueros, infantes y caballeros, y cuando terminó, subiéndose a la torre de asedio más alta, desde la que pudiera ser bien oído por los sitiados, preguntó:

—Desde aquí no veo las naves que han de venir desde el mar. ¿Las veis vosotros desde vuestras atalayas?

—Todavía no —le contestó el Campeador—, tened un poco de paciencia.

—No puedo tener demasiada, porque los que vienen detrás de mí, que son cinco veces más que los que están a mi mando, me empujan hacia vosotros —le contestó el general, que desde aquella altura, a buen recaudo, no tuvo inconveniente en seguir negociando un buen rato. De paso aprovechó para reprochar a los moros de la ciudad el que combatiesen contra los verdaderos defensores del islam.

Como esto último, suponía, sería muy del gusto del

emir de los creyentes, y a él le gustaba lucirse delante de las moras que le miraban desde las almenas, en los siguientes días volvió a subirse a la torre para recomendarles la rendición predicándoles, de paso, el Corán. Y ahí estuvo su perdición. Porque al cuarto día de predicación llegaron las nubes que los huertanos y las aves, que volaban de izquierdas y raseantes, indicaron al Cid como seguras y temibles. Iban negras y cargadas de terrores, porque cuando no llovía a su tiempo —y no había caído una gota en todo el otoño— lo hacía con tal furor que anegaba las cosechas tardías y arrastraba las casas de los pobres.

Cuando empezaron a caer las primeras gotas se abrieron las puertas de la ciudad y, por un momento, el general Mohammad pensó que, conmovidos por sus predicaciones, se rendían los sitiados. Pero en lugar de salir guerreros o caballos, apareció una barrera de fino pero sólido material que avanzaba hacia los sitiadores. Eran los nuevos escudos del Cid. Con ellos había formado una muralla humana que se movía en dirección a las máquinas. Reaccionaron los almorávides con sus terribles gritos e invocaciones a Mahoma, pero no fueron suficientes para detener aquella barrera que cuando llegó junto a las torres les prendió fuego, valiéndose de grandes haces de paja seca. De tal modo ardieron que la lluvia, que comenzaba a arreciar, no pudo apagarlas.

A continuación se abrieron las puertas de Boatella y de Los Roteros y, con el Campeador al frente, salió la caballería cristiana. Llevaban los escudos vascones embrazados delante del pecho, las cabezas inclinadas sobre los arzones de las sillas, y las lanzas, todas con pendones, se levantaban a la altura de la cintura. Espoleados los caballos, hacían retemblar la tierra bajo su galope, arrasando cuanto se puso por delante. Antes de continuar adelante iniciaron sus temibles tornadas, y de tal modo pasaban y repasaban los caballeros entre las filas enemigas que ni tiempo les daban de prepararse para resistir las sucesivas embestidas. Toda aquella parte del llano quedó cubierta de cadáveres.

Cuando la lluvia se convirtió en aguacero, el Campeador dejó el mando a Álvar Fáñez Minaya, mientras él tomaba el camino del campamento moro del Cuarte. Si no les fuera la vida en ello, se hubieran conmovido los caballeros cristianos ante el espectáculo que se ofrecía a sus ojos. Rotos los diques de las acequias por orden del Campeador, todas las aguas confluían en la riera que cruzaba entre los algarrobos, y como ya venía crecida por el agua que bajaba de la sierra, se convirtió en un torrente devastador que se llevaba por delante las tiendas de campaña que con tanta ilusión montaron días antes.

Pugnaban los almorávides por salvar a sus mujeres y a sus hijos, y mientras tanto los caballeros los acuchillaban. La noche se echaba encima y el desastre para los africanos no tenía remedio. De la sierra de la Talaquera bajó Ramiro, infante de Navarra y futuro yerno del Cid, con la mesnada de vascones, y persiguió a Mohammad hasta Cullera, donde le hicieron prisionero. Los elefantes, enloquecidos, se hundían entre los cenagales que formaban las aguas y hacían más daño entre sus dueños que en los enemigos. La noche era de luna llena, y pese a la negrura de las nubes, que no cesaban de derramar aguas, había una claridad tenebrosa para los vencidos, pero milagrosa para la hueste del Cid, que había conseguido consumar la primera derrota del ejército más poderoso del islam en aquellos tiempos.

Por los afluentes del Turia comenzaron a bajar los cadáveres almorávides hasta alcanzar las playas del sur, en tal profusión y estado de hediondez que los supervivientes sólo podían empujarlos mar adentro para que desaparecieran cuanto antes.

A la vista de este espectáculo el emir de los creyentes tomó conciencia de la increíble destrucción de su vanguardia y quedó sumido en un estupor silencioso. Después de tres días de no comunicarse con ningún humano, pidió cuentas a sus generales de los pecados que hubieran cometido para merecer tal derrota. Éstos, por consolarle, se acusaban hasta de faltas de humildad que no eran ciertas, pero el lamtuní estaba tan desalentado que ni fuerzas tuvo para castigarles. Cuando logró salir de aquel pasmo, determinó:

—Acerté quedándome detrás de Mohammad como un manto para cubrir su derrota. Y así seguiré mientras no hayamos purgado esta derrota que no viene de los hombres, sino del cielo. En cuanto al general vencido, que sepan los cristianos que no pagaremos un dinar por su rescate.

—Ni falta que nos hace —le respondieron los trujimanes del Cid, y devolvieron al general Mohammad aherrojado a su caballo, junto con otros capitanes principales.

Mientras todas las cortes de Europa celebraban aquella victoria que excedía todas las previsiones humanas y alejaba la temible sombra del islam, el rey Alfonso, entre el asombro y la envidia, decía no creerse lo que juglares y vendedores de noticias contaban por los caminos del mundo. El Campeador, en respuesta, como vasallo que seguía siendo del rey castellano, aunque con derecho de conquista, le envió la tienda del general almorávide derrotado, que era ovalada, sostenida por dos tendales de madera preciosa labrados en oro, además de mil caballos árabes que no tenían precio.

Por su parte, el emir Yusuf Ben Tashufin, a partir de entonces, volvió a pasar y repasar el estrecho muchas veces, pero siempre procuraba mantenerse lejos de donde anduviera el Cid Campeador. Y para nada volvió a hablar de subir por la costa camino de Roma.

TORO: LA BATALLA POR LA UNIDAD DE UN REINO

En el primer tercio de 1476, cerca de la ciudad de Toro, a orillas del río Duero, se alineaban en posición de combate los dos ejércitos más poderosos de la cristiandad. Uno lo mandaba el rey de Portugal, Alfonso V, que pretendía serlo también de buena parte de España; el otro, Fernando II de Aragón, más conocido como Fernando el Católico, que se presentaba junto a su regia esposa, Isabel la Católica, como adalid de una nueva España más ordenada y unida.

Cada armada se componía de tres cuerpos de ejército, el central mandado por los respectivos monarcas, y los otros dos por figuras principales, siendo de admirar que el de los castellanos lo encabezara el cardenal Mendoza, a quien poco le costó cambiar el báculo por la espada. En el bando portugués tenía semejante cometido el arzobispo de Toledo. Comenta un cronista del siglo XVI cuán doloroso era de ver que pastores llamados a guiar sus ovejas con amor, según enseña el Santo Evangelio, con tal saña se enfrentaran so pretexto de que era Dios quien guiaba sus espadas.

Empezaba el mes de marzo, con nieblas bajas y frías como son habituales en aquellos páramos en tal época del año, y un ambiente de tristeza parecía sujetar el ímpetu que se supone en ejércitos dispuestos a acometerse. La casa de Alba, que ya entonces gozaba de gran predicamento en la corte castellana y estaba representada por el conde de Alba de Aliste, hizo ver al monarca aragonés que en lo que se avecinaba poco habían de contar con la artillería, buena para derruir fortificaciones pero punto menos que inútil cuando se combatía en campo abierto. Así pues, la batalla habría de decidirse por el valor que mostraran los jinetes en sus acometidas, lo que comportaría gran mortandad para ambos bandos. Fernando se dolió en extremo de que tuviera que morir tanta gente, y razonó si no sería más justo un duelo personal entre ambos monarcas. Los de su Consejo Real se escandalizaron, y atribuyeron semejante locura a la juventud del monarca, que a la sazón sólo contaba veinticuatro años. Le hicieron ver que eso eran costumbres salvajes de los godos, y el cardenal Mendoza le recordó que la Iglesia Católica condenaba tales duelos, la lid singular de caballeros armados, ya desde los tiempos del Cid Campeador. A lo que el monarca replicó: «¿Acaso es mejor que mueran muchos en el empeño?». Y el cardenal no supo qué responder.

Como a pesar de su juventud era muy enérgico Fernando de Aragón —como quien está acostumbrado a mandar desde muy joven— hizo enviar heraldos al campo contrario ofreciendo dirimir la contienda en duelo personal entre ambos monarcas.

Recibió el envite Alfonso V con el natural asombro, como algo desusado, pero no disparatado, pues el honor y las leyes de la caballería se tenían en mucho. Era de edad de cuarenta y cuatro años, fornido y de valor acreditado, como había mostrado en tres campañas en las que tomó parte en la región de Tánger, que le valieron el título de *el Africano*. De grado habría encabezado la cruzada predicada por el papa Calixto III, aunque por diversas causas no se llevó a término. En cuanto al reto de Fernando, por su gusto habría aceptado, pero su hijo, el príncipe Juan, que estaba llamado a ser su heredero, le dijo que no había de ser así, pues siguiendo las órdenes reales había conseguido allegar un ejército de 2.000 jinetes y 8.000 peones, con los que acababa de entrar por la parte de Galicia, y con ellos ya eran más que los castellanos. Por otra parte recordó a su padre que el aragonés le aventajaba en juventud.

En todo caso, aunque hubiera aceptado el reto el monarca portugués el duelo no habría tenido lugar, pues el Consejo Real de Fernando no lo habría consentido, ya que con aquella batalla buscaban una victoria que sólo merecería el nombre de tal si el ejército portugués y el de sus aliados castellanos resultaba destruido o tan gravemente dañado que perdiera toda esperanza de seguir combatiendo. Una victoria en lid singular, quedando indemne el ejército contrario, de poco habría servido para acabar con la guerra civil castellana. No obstante, como eran tiempos en los que se tenía en alta consideración la gallardía y el valor personal, el gesto de don Fernando fue muy bien visto, y el conde de Lemos, perteneciente a una de las casas más preclaras de Castilla, con lágrimas en los ojos, dijo: «Bien gobernado será un pueblo por un monarca que antepone su vida a la de sus súbditos».

Pasados los años, cuando Maquiavelo escribió *El Príncipe*, dicen que tal vez inspirándose en la figura de Fernando el Católico, los admiradores del escritor italiano comentaron que bien sabía don Fernando que el portugués no habría de aceptar el desafío, y así con esa maniobra maquiavélica ganó prestigio con poco riesgo para su persona.

Fernando II de Aragón, el Católico, había nacido en Sos, pueblo de la actual provincia de Zaragoza, en 1452. Era hijo de Juan II de Aragón, de la dinastía Trastamara, y por su nacimiento nada hacía suponer que acabaría siendo el primer rey de todas las Españas, incluida la que ocupaban todavía los árabes por la parte de Málaga y Granada.

Cierto que era heredero de la corona de Aragón, pero de territorio muy menguado, ya que toda Cataluña se negó a reconocerle como soberano, y a los trece años de edad tuvo que padecer una guerra civil por tal causa. De su padre había heredado muy buena salud, dándole lo mismo dormir que no dormir, lo cual de mucho le sirvió en las largas negociaciones que tuvo que mantener en su dilatada vida —murió de sesenta y cuatro años—: alguno de los que tuvo que padecerlas junto a él dijo que prefería que un barbero le arrancara todas las muelas a seguir discutiendo con su majestad católica. Ese tesón fue el que dio fama de monarca prudente y astuto.

De aficiones tenía las de la caza y la del juego de naipes extremadamente, que era donde se mostraba más sencillo y natural, pues gustaba siempre de ganar, como es propio de la condición humana, y los cortesanos que lo sabían procuraban darle ese gusto. Si por descuido perdía, pretextaba cansancio y se retiraba. En cuanto a su apostura personal, era muy moreno, de estatura mediana, y gracioso en toda su figura.

Dicen que el sentimiento religioso lo tenía muy acendrado, lo que no fue óbice para que a los diecisiete años tuviera ya dos hijos bastardos, Alfonso y Juana, habidos con dos mujeres distintas. Precocidad que es de admirar incluso en tiempos de tanta comprensión para las regias debilidades.

El lema de su escudo era el «Tanto Monta» del que se había servido Alejandro Magno para deshacer el famoso nudo gordiano o, mejor dicho, para cortarlo cuando no acertó a desanudarlo. Con ello quería expresar que habían de acometerse los negocios con buenas razones, pero de no servir éstas debía cortarse por lo sano. Como la que había de ser su esposa, Isabel I de Castilla, fuera del mismo parecer, el lema común fue el de «Tanto Monta, Monta Tanto»... Isabel como Fernando.

Isabel I de Castilla era hija de Juan II de Castilla. Su madre, Isabel de Portugal, acabó sus días en un convento con extremados síntomas de locura. «Loca, pero santa, pues la locura no está reñida con la santidad —comenta un cronista de la época—, y de tal modo supo educar a su hija, nuestra amada reina doña Isabel, que con toda justicia mereció el título de Católica con el que le honró el papa Alejandro VI».

Su religiosidad sí debía de ser más profunda que la de don Fernando, y muestra de ello es que cuando a los once años fue llevada a la corte de su hermano mayor, el rey Enrique IV, quedó espantada de la corrupción reinante en lo que atañía a la moral, por lo que años más tarde la calificaría de «escuela de las malas costumbres». Más espantada aún quedó cuando su regio hermano le propuso matrimonio con don Pedro Girón, maestre de Calatrava, sujeto rijoso y con una reputación tan detestable que Isabel rezaba a Dios para que le enviase la muerte antes que tener que desposarse con tan inicuo personaje. Como comenta festivamente Luis Suárez —gran autoridad mundial sobre los Reyes Católicos—, «por fortuna quien murió primero fue el maestre». Si creemos en la Providencia, debemos entender que esta muerte fue oportunísima para la unidad de España, pues se abrió la posibilidad del matrimonio de Isabel con Fernando de Aragón, aunque no sin grandes dificultades.

Isabel no estaba llamada a ser reina. Era tan sólo la hermana menor de un rey, Enrique IV, que tenía una hija, doña Juana, llamada a sucederle pese a ser conocida como *la Beltraneja*, porque las malas lenguas decían que no era hija del rey, sino de un caballero llamado Beltrán de las Cuevas. Este desdichado monarca era de carácter tan débil que, manejado por sus validos, mayormente Juan Pacheco, marqués de Villena, terminó por sumir al reino en el caos.

Las distintas casas nobiliarias castellanas sólo miraban por su provecho, dándoseles poco el bienestar del pueblo. Y lo más triste es que las algaradas contra la autoridad real las encabezó en más de una ocasión el arzobispo de Toledo, Alfonso Carrillo, que se servía de la mitra para su lucro personal. Estos nobles levantiscos decidieron que el heredero de Enrique IV había de ser su hermano Alfonso, de poca salud tanto física como mental, y que por ello pensaban manejar a su gusto. Accedió Enrique porque hubiera paz, y los nobles envalentonados alzaron como monarca al joven príncipe Alfonso, para mejor servirse de él. Pero de poco les valió, porque falleció a los pocos meses.

«¿A quién habían de mirar —se pregunta un cronista de la época—, cuando se les murió el infortunado Alfonso, sino a una doncellita recatada, apenas salida de la pubertad? ¿Cómo habían de imaginar que la princesa Isabel habría de resultarles más recia que muchos varones, y muy decidida a poner fin a los desaguisados que aquellos nobles provocaban con sus ambiciones?».

Enrique IV, presionado por los nobles, en especial por el arzobispo de Toledo, en un encuentro que tuvo lugar en los Toros de Guisando aceptó a la princesa Isabel como su heredera, y así —siempre según las malas lenguas— reconoció la bastardía de su hija Juana. Puso como condición el monarca castellano que la princesa no podría contraer matrimonio sin el regio consentimiento, y ahí es donde Isabel no cumplió.

Con arreglo a los cánones de la época era Isabel una mujer moderadamente bella, con sobrada salud y vigor físico, lo cual era muy estimado de cara a la maternidad, tan deseada en las monarquías. Pretendientes tuvo, pero ninguno de su agrado. El más firme candidato era el rey Alfonso de Portugal, viudo y con hijos mayores, alguno de más edad que la princesa; otro era Ricardo de Gloucester, contrahecho y tan malvado que llegó a ser rey de Inglaterra asesinando a sus sobrinos; el tercero era el duque de Berri, hermano del rey de Francia, con fama de intrigante y mala persona. El único que no contaba en el ánimo del rey castellano era Fernando de Aragón, a quien tenía por enemigo del reino de Castilla. Sin embargo, sí figuraba encendidamente en el anhelo de la princesa Isabel.

«¿Fue un matrimonio de amor? —se pregunta el cronista de la época—. ¿Era eso posible, habida cuenta de que los tálamos reales sólo servían para engendrar hijos que unieran reinos? Amor debió de haber, y muestra de ello es que poetas y juglares cantaron por plazas y tabernas que "flores de Aragón, en Castilla son", y esa flor sólo podía ser el rey Fernando, tan lozano, al tiempo que sesudo, que fue regalo para Castilla, como con el tiempo se vino a saber».

Admira que la princesa Isabel, que tan sólo contaba dieciocho años, se diera tal maña en conseguir que casas de las más nobles vieran con buenos ojos aquel enlace no deseado por el rey. Alguno de los que era contrario bien se cuidó de informar a la princesa sobre la condición disoluta del príncipe Fernando, y de los dos hijos habidos en pecado, lo cual mucho la entristeció, pero al cabo de unos días determinó: «Yo le haré ver que las cosas no deben ser así, y que conmigo le ha de bastar».

Según Luis Suárez, la reina Isabel debió de acertar en el consejo, pues en los treinta y cinco años que duró el matrimonio no consta que Fernando el Católico cometiera ninguna infidelidad. En cuanto a los hijos bastardos de su marido, su comportamiento fue ejemplar y de gran generosidad: en cierta ocasión en que Fernando temía por su vida, quizá en vísperas de alguna batalla, redactó un testamento en plena juventud en el que pedía a su esposa que se ocupase de sus hijos bastardos y de las madres de éstos.

«No hiciera falta que dispusiera tal —comenta el cronista— pues a los bastardos siempre los tuvo en la corte, y también cuidó de sus madres, aunque manteniéndolas a prudencial distancia». El cronista Clonard, en un arranque de entusiasmo, declara que «Isabel era sublime». Quizá el epíteto sea excesivo, pero de lo que no cabe duda es de que era una mujer enamorada que en vísperas de su boda se comportaba como corresponde a una doncella que va a cumplir sus sueños, y en todo «se manifestaba más como mujer que como reina».

Cuando Enrique IV tuvo noticia de que el matrimonio con Fernando de Aragón estaba concertado, montó en cólera —o más bien le hizo montar en cólera su valido el marqués de Villena— y mandó tropas para que la retuvieran. Sin embargo, de poco sirvieron, pues Isabel huyó primero a Madrigal de las Altas Torres y después a Valladolid, donde contaba con el apoyo de los Alba, los Mendoza y otras familias que le eran muy adictas.

Por su parte Fernando tenía que atravesar por Burgo de Osma para llegar a Valladolid, feudo del obispo Pedro de Montoya y del conde de Medinaceli, que seguían siendo fieles a Enrique IV. Según el *Cronicón* del doctor Belchite era tal el ardor del príncipe que no dudó en disfrazarse de criado para no ser prendido, «siendo la primera vez en la historia que quien estaba llamado a ser rey de medio mundo tuviera que ir a sus desposorios vestido de arriero. Cuando al fin se vieron los regios enamorados en Valladolid —sería el 14 de octubre del año de gracia de 1469— se trataron como si se conocieran de toda la vida, y se dieron gran prisa en intercambiar los regalos nupciales y firmar esponsales; y al otro día don Fernando juró presto cumplir las leyes y respetar las libertades del reino de Castilla, hasta que el 18 del mismo mes tuvieron la misa nupcial y bendición solemne y aquella misma noche consumaron el matrimonio sobradamente, y como prueba de ello mostraron la sábana bien manchada, como es costumbre en Castilla. Todo esto tuvo lugar en la casa de los Viveros y la misa en Santa María la Mayor. A nuestra reina se la veía pudorosa, pero muy satisfecha».

La boda produjo tal escándalo en la corte de Enrique IV que el arzobispo de Toledo, en un arranque de cólera, clamó: «Yo la he sacado de la rueca y la volveré a ella». Esto lo decía porque Isabel, mientras estuvo en la corte de su hermano, se mostraba muy modosa, con la vista muy fija en el huso, como buena bordadora que era. Esta afición no la perdió nunca, y siendo reina, con tantos negocios que resolver, gustaba de bordar las camisas de su regio esposo. Los que bien la conocían decían «que con los dedos bordaba, pero con la cabeza discurría lo que había de hacer. Y cuanto más importante fuera el negocio que se traía, más se sentaba a la rueca».

El rey Enrique IV rompió el pacto de Guisando, por el que nombraba heredera a Isabel, y proclamó como sucesora a su hija Juana, arguyendo que no cabía duda alguna sobre su condición de hija legítima. Éste fue el comienzo de la guerra civil castellana, que habría de tener su culminación en la batalla de Toro.

Con el monarca castellano se alinearon todos los nobles que veían en peligro sus privilegios, entre ellos el marqués de Villena, esforzado guerrero con dominios desde Toledo hasta Murcia; el duque de Arévalo, cuyo poderío se extendía a buena parte de Extremadura; el maestre de Calatrava, tan poderoso que acostumbraba a imponer su ley a los monarcas; el duque de Cádiz, joven en extremo ambicioso, con gran devoción en solucionar los problemas con la fuerza de las armas; y el ya nombrado arzobispo de Toledo, el más díscolo de los obispos, que fue de los que forzó a Enrique IV a firmar el pacto de Guisando y ahora se sentía burlado por la princesa Isabel y ardía en deseos de venganza.

Como bandera de sus torpes pretensiones eligieron a la desventurada doña Juana la Beltraneja, que pese a que andaba por la adolescencia no fue esto óbice para que la comprometieran en matrimonio con el rey Alfonso V de Portugal, viudo con hijos mayores, que aceptó de buen grado, pues ya se veía rey de toda la península Ibérica, salvada la parte que seguía en poder de los moros.

Tenía este monarca una marcada afición a las riquezas, y la idea de invadir un reino más fértil que el suyo le subyugó. Sin embargo, tampoco le faltaba el espíritu aventurero, y la idea de proteger a una doncella, la Beltraneja, que había sido privada de su corona por injustos detentadores, daba un aura romántica a su empeño. Celebró sus esponsales con la princesa Juana y, a renglón seguido, los nobles disidentes le saludaron como rey de Castilla. Para corresponder a tal reconocimiento puso en marcha un ejército con el que poco le costó atravesar la frontera sin apenas combatir, apoderarse de todos los pueblos fronterizos y acantonarse en Arévalo en espera de refuerzos.

Como dice Clonard, Castilla estaba amenazada por una invasión terrible contra la que poco podía hacer, pues su ejército lo componían grupos desmembrados, pertenecientes a las casas nobles, sin apenas disciplina y «carente de artillería gruesa, que es la que decide las batallas». Gran desgracia habría sido la victoria del portugués —insiste—, quien para nada quería la unidad de los reinos, sino que se había concertado con el rey de Francia, Luis XI, que atacaría por el norte, y por esta ayuda Cataluña, amén del Rosellón, quedarían para Francia, y el resto para Portugal.

Quedose el rey Alfonso en Arévalo en espera de un ejército francés que iba a entrar en Castilla, y ahí se equivocó, pues esta fuerza nunca llegó y el retraso dio tiempo para que los Reyes Católicos fueran organizando su armada. Don Fernando mostró singular talento para los ardides de la guerra, y fue ocurrencia suya lanzar una buena tropa de jinetes andaluces por la parte sur de Portugal, llevando la desolación a esa parte del reino y provocando el descontento de los caballeros portugueses, que se quejaron ante el monarca: mientras ellos permanecían en territorio extranjero, sus dominios eran saqueados. Cerca de un año le llevó el contentarlos, distrayendo tropas que custodiaran las fronteras del sur. A pesar de estos problemas el rey Alfonso logró hacerse con las plazas de Toro y Zamora, de las más importantes del reino, además de muy bien fortificadas, y allí esperó la embestida del enemigo caso de que se atreviera a tanto.

Mientras tanto, el rey Fernando de Aragón había logrado armar un ejército gracias a la ayuda de la Iglesia. Según Clonard, los nobles adictos a Fernando e Isabel se mostraban más desprendidos de sus personas que de sus dineros, y no acababan de llenar las arcas del erario, por lo que fueron los obispos quienes decidieron sostener la corona sobre las sienes de Isabel, sabedores de lo buena católica y de lo cumplidora de sus compromisos que era. En conjunto le entregaron la mitad de la plata de todas las iglesias del reino, y la reina se obligó a devolverla en el plazo de tres años, como así hizo.

El rey Fernando, en el ardor de su juventud, entendió que ya tenía fuerzas suficientes para atacar, y con un menguado ejército se plantó a las puertas de Toro, donde fue recibido con tal profusión de artillería gruesa que no le quedó más remedio que ordenar la retirada. Y, cosa curiosa, los que resultaban más dañados con el fuego de las lombardas, la tropa de a pie, fueron los que más se resistían a retirarse. Tras este primer descalabro los peones incluso acusaron a los nobles de haberse concertado con el enemigo, esperando sacar más provecho de la causa portuguesa. Y lo que es más de admirar aún es que fueron los vizcaínos, a quienes se tiene por más apartados y menos interesados en los negocios de Castilla, los que se atrevieron a poner sus manos sobre la persona de don Fernando, aunque con el debido respeto. Un grupo de ellos, de los más significados, se dirigió a una iglesia en la que se había refugiado el rey y, tomándole en brazos, lo sacaron fuera y le pidieron que desde allí revocase la fatal orden de retirarse, ya que ellos se ofrecían a derramar hasta la última gota de su sangre. Don Fernando mucho les razonó, pero poco les convenció, y los más de ellos se volvieron a sus hogares creyéndose víctimas de la deslealtad. Según Clonard, si en ese momento hubiera atacado la caballería portuguesa, la derrota de los castellanos habría sido completa.

No obstante, el rey Alfonso, bien porque estuviera esperando las quinientas lanzas que le tenía prometidas el arzobispo de Toledo, o el ejército que estaba reclutando en Portugal su hijo, el príncipe Juan, no salió de la ciudad, se le echó el invierno encima —que no es buena estación para combatir— y se quedó en las plazas conquistadas.

Después del sofoco que le dieron los vizcaínos, don Fernando quedó sumido en el desconcierto. De éste le sacó su regia esposa, quien le hizo ver que la siguiente vez había de ser la definitiva, y eso sólo se lograría concertando más voluntades a su favor y haciendo amigos a los que se decían enemigos. Sirva de ejemplo lo que hicieron con los López de Stúñiga, los magnates más poderosos de Burgos, a los que desposeyeron de la alcaldía que desempeñaban desde tiempo inmemorial, pero en compensación les indemnizaron con 210.000 maravedíes por daños causados en sus dominios, más una renta de 1.500.000 intercambiable por doscientos cincuenta vasallos. Así los tuvieron a su favor, pero sin mando en plaza. Otro tanto hicieron con el marquesado de Villena y otras casas principales.

Todas estas defecciones le llegaron al rey Alfonso sumadas a la del rey de Francia, que decía que iba a entrar, pero no acababa de entrar. Preocupado, se decidió a negociar: propuso a Isabel y Fernando renunciar a sus pretensiones a cambio de que le cedieran toda la Galicia más las ciudades de Toro y Zamora y una fuerte suma compensatoria en concepto de gastos de guerra.

Cuentan que don Fernando, viendo que para nada tocaban sus tierras de Aragón y Cataluña, estuvo a punto de claudicar, y que fue su regia esposa la que determinó: «De dineros hablaremos cuanto sea preciso, pues aun siendo mucho, siempre será cosa de poco comparado con un palmo de tierra que hayamos recibido de los que nos antecedieron. De ésta no habemos de ceder ni un palmo ni medio, y por ello estoy dispuesta a perder la corona y la vida si fuera preciso».

Enardecido don Fernando ante la reciedumbre de su esposa, dijo que no, altanero, al portugués, y se animó a anticipar la batalla definitiva, no fuera a ser que el rey francés acabara decidiéndose a entrar en España y así se desequilibraran las fuerzas.

Don Alfonso de Portugal tampoco puso mala cara al encuentro, pues como queda relatado al comienzo de este capítulo, sus filas se habían engrosado con las tropas que había allegado su hijo y, por tanto, eran superiores en número y en artillería. «*Pero no en ánimo* —dice muy encendido el conde Clonard—, pues don Fernando estaba cierto de que iba a vencer, como así fue. Aquéllos [los portugueses] luchaban por hacerse con una tierra que no era suya, mientras que los de Castilla lo hacían por la sagrada herencia de sus padres».

La batalla de Toro, según Luis Suárez, fue de corte clásico medieval. Sería también la última ocasión en que se vería en Castilla a un monarca atacando espada en mano sobre un caballo engualdrapado, al frente del cuerpo central de los tres de que se componía su ejército. Y el rey portugués no le fue a la zaga en heroicidad, aunque tanto el uno como el otro iban rodeados de lo más granado de su guardia para que no fueran heridos, objetivo este que no siempre se conseguía.

El choque de ambos ejércitos fue brutal, ya que, como anticipara el conde Alba de Aliste, de nada sirvió la artillería, ni tan siquiera los arcabuces, y todo se resolvía con el valor y destreza de los jinetes que se acometían una y otra vez, tornando y volviendo a tornar, unas veces avanzando y otras retrocediendo. Durante más de cuatro horas la batalla estuvo indecisa, sin que se supiera de qué lado caería la fortuna pues, según las crónicas, «nadie se mostraba allí avaro de su propia vida a trueque de sacrificar la de su enemigo».

Destacó por su temeridad el cardenal Mendoza, que en lo más incierto de la batalla clamó a grandes voces: «¡Traidores, aquí está el cardenal!», para que los contrarios se fueran a por él. Y así fue, e incluso recibió un golpe de lanza en el brazo derecho, pero sin inmutarse por el dolor de la herida siguió atacando al frente de sus escuadrones, momento que aprovechó Fernando el Católico para tender su lanza apuntando al centro enemigo, que se rompió.

En este centro se encontraba el abanderado portugués, alférez Duarte de Almeida, cuya heroicidad ha sido reflejada en múltiples grabados de la época. El estandarte siempre ha sido tenido en mucho por los ejércitos en lid, que cuidan de que se alce airoso y flamante, cuanto más alto mejor. Por eso los que lo portan suelen ser de buenas proporciones, para que luzca mejor, y hasta hay un dicho que dice «pendón caído, ejército vencido». Desde luego, así fue en aquella ocasión.

Duarte de Almeida portaba el estandarte real en su brazo derecho, agitándolo enardecido, hasta que un caballero de Castilla, sabedor de lo que significaba, se fue a por él y de un tajo le rebanó el brazo, haciéndole caer del caballo. Ya cantaba victoria el castellano, cuando fue de admirar que el portugués se alzó del suelo, tomó el pendón con el otro brazo y tentó de alzarlo, por lo que al guerrero castellano no le quedó más remedio que dar nuevo tajo al brazo sano. El de Almeida, con gran fiereza, antes de que el segundo brazo siguiera la suerte del anterior cayendo al suelo, tuvo tiempo de tomar el pendón entre los dientes, alzando la cabeza orgulloso. «Motivos tenía para ello —comenta el *Cronicón* del doctor Belchite—, ya que nunca se había visto nada igual. Los castellanos que rodeaban al alférez portugués se quedaron sobrecogidos viéndole de esa suerte, sin brazos y con los dientes bien hincados en la bandera. En medio del fragor de la batalla, que estaba en su momento culminante, se hizo un silencio de respeto, y por su gusto le habrían dejado con vida, pero como esto no podía ser, lo atravesaron de parte a parte y murió con la bandera entre los dientes y con ella lo enterraron».

Caer el estandarte y tambalearse el centro del ejército portugués fue todo uno, lo cual fue aprovechado por el conde de Alba, que arremetió por el costado derecho dejándolo despedazado. Al orgulloso, al tiempo que valeroso rey portugués, no le quedó más remedio que huir a galope tendido hasta conseguir refugio en el castillo de Castro Nuño.

Al otro día, y a los siguientes, gran parte del ejército portugués estaba en clara desbandada, con fugitivos que trataban de encontrar refugio tras las fronteras del país vecino, pero los vencedores, bien en busca de botín, bien por deseo de venganza por los parientes y amigos caídos en la batalla, les perseguían con saña y les daban muerte. La matanza sólo paró cuando estos excesos llegaron a oídos del rey Fernando. Fue el cardenal Mendoza quien, superados los ardores del combate, recordó por fin su condición de pastor de almas y le hizo ver al soberano que semejante conducta, como poco cristiana, enturbiaba la victoria conseguida noblemente en los campos de batalla. Según Clonard, «apenas tuvo noticias de estos desmanes el rey, prohibió bajo severas penas su repetición y llevó su generosidad hasta distribuir vestidos y dineros entre los prisioneros, haciendo que les condujeran a su país con toda la scguridad posible».

La batalla de Toro puso fin a la guerra civil castellana. En plazo de pocos meses todos los grandes de España reconocieron a Isabel como su reina y señora. Por el convenio de Valencia don Alfonso de Portugal renunció a todas sus pretensiones respecto del trono de Castilla y también a la mano de doña Juana, que, desengañada del mundo, se refugió en el convento de Santa Clara, en Coimbra.

La batalla de Otumba, entre la noche triste y la conquista de México

El autor confiesa su debilidad por Hernán Cortés, no tanto por las hazañas que acometió, que en más de una ocasión fueron más bien desmanes, sino por su condición de perdedor y por su enigmática personalidad.

Perdedor, puesto que quien había conquistado un imperio para el Imperio español pasó los últimos años de su vida en España, entre letrados y procuradores, pleiteando por unos derechos que la corona le regateó cicateramente, a tal extremo que poco antes de morir escribió una carta al todopoderoso emperador Carlos V diciéndole que ya no tenía edad para andar por mesones demandando cuentas, sino que prefería retirarse a su casa de México para aclarar las suyas con Dios, que las tenía muy largas. Y ni eso consiguió, pues de allí a poco vino a morir a un pueblito de Sevilla, Castilleja de la Cuesta, con gran discreción y poco alboroto de la corte.

Perdedor, puesto que la nación de la que fue fundador, México, nunca le ha tenido por tal, y de los conquistadores que pasaron por América es el más odiado de todos: en cuadros y murales siempre le representan matando indios o cometiendo toda clase de tropelías con ellos, tales como despedazarlos con perros salvajes.

Enigmático, pues no es fácil comprender cómo a quien fuera modesto funcionario de la corona —escribano en el ayuntamiento de Azúa— y más tarde aprovechado hacendado, a una edad —treinta y tres años— en la que los demás conquistadores ya pensaban en retirarse, le entrara tal comezón por embarcarse en una aventura desproporcionada para sus méritos. Carecía de formación militar, pues a diferencia de otros conquistadores no había estado en los tercios de Italia, que es donde se curtían los soldados. En cuanto a su paso por las islas del Caribe nunca fue sirviendo con las armas, sino en cargos administrativos, como tesorero en la conquista de Cuba y luego alcalde de Santiago de Baracoa. El único mérito que se le reconoce en este punto es que era muy hábil en el manejo de la espada ya que, según Bernal Díaz del Castillo, «era travieso de mujeres e que se acuchilló algunas veces con hombres esforzados e diestros». También consta que antes de embarcarse para las Indias Occidentales se pasó un año a la flor del berro, jugando por todos los garitos del Levante español, no siendo extraño que tuviera que servirse del acero para salir con bien.

Y, sin embargo, de manera sorprendente, en el año 1519 se empeñó en ser nombrado capitán general de una expedición que se organizó para ir a poblar el Yucatán, cuando todavía se creía que era una isla y no el continente. Y lo consiguió, urdiendo con unos y otros, fundamentalmente con el gobernador Diego Velázquez, y poniendo en el empeño toda su hacienda, que no era poca.

Hasta entonces los conquistadores se habían movido por las islas, habitadas por indios dispersos que vivían en cabañas de maguey, con una cultura muy primitiva y que ofrecían poca resistencia a la conquista. Los pocos que se habían asomado a la Tierra Firme —sin saber todavía que lo era— hablaban de indígenas que habitaban en casas de cal y canto, que trabajaban artesanalmente el oro y la plata y, que, en la distancia, se distinguían montañas nevadas. ¿Montañas nevadas en aquellas latitudes?

En los momentos previos a la expedición mexicana era amante del gobernador Velázquez Elena Juárez, de la que se decía que era la mujer más bella que había pasado por las Indias. Con su hermana, Catalina *la Marcaida*, se había desposado Cortés. A esta Elena, que tanto ascendiente tenía sobre el gobernador, se confiesa Cortés y le dice que necesita saber lo que hay allá. Elena, sorprendida, le pregunta: «¿Qué es lo que necesitáis saber de esa tierra?». A lo que Cortés replica: «No sé lo que necesito saber, pero lo necesito».

Con gran tesón y habilidad consigue armar una flota compuesta de once navíos gobernados por cien marineros, más quinientos soldados y trescientos indios antillanos capaces de cargar dos arrobas cada uno. La artillería la componían diez cañones de bronce y cuatro falconetes; los caballos eran diecisiete, los primeros que llegaron a aquel continente donde el equino era desconocido. Y entre sus capitanes se contaban los más señalados de las islas: Hernández de Puerto Carrero, de sangre noble; Pedro de Alvarado, el más hermoso de los capitanes, que por traer el cabello rubio los indígenas le nombraban como «Hijo del Sol»; Gonzalo de Sandoval, el mejor jinete de la conquista; y Cristóbal de Olid, con fama de buen soldado por haber servido a las órdenes del Gran Capitán.

A última hora el gobernador Diego Velázquez, malmetido por sus parientes, que le advirtieron de que Cortés terminaría por alzarse con la conquista como cosa propia, quiso impedir la salida de la flota, pero era tarde. Cortés mandó levar anclas el 10 de febrero de 1519, y cuando se presentó en el puerto el gobernador para reprochárselo, Cortés, a prudencial distancia, respetuosamente le replicó: «Señor, perdone vuesa merced, porque estas cosas y otras semejantes han de hacerse así, que si se piensan no se hacen». De esta suerte comienza la epopeya que se consumará dos años más tarde.

Desembarcan en Cozumel y tiene lugar un primer incidente que pone de manifiesto el nuevo espíritu de la conquista. Cortés se enfrenta con Pedro de Alvarado, poco menos que espada en mano, porque el rubio capitán ha robado unas gallinas a los indios. El jefe de la expedición señala que no están allí para rescatar ni para rapacerías, sino para conquistar y establecerse. A los soldados les parece muy bien esa dignificación de su misión, y Cortés queda confirmado como capitán indiscutible.

Y pronto también como estratega excepcional. Al llegar a la región de Tabasco consigue una sonada victoria frente a los nativos, que se le enfrentaron sumando la increíble cifra de 20.000 guerreros. Fue un choque entre dos concepciones de la guerra: las espadas de obsidiana se quebraban contra los aceros castellanos; los indios combatían dispersos, sin orden ni concierto, mientras que los españoles lo hacían en ariete, al estilo de los tercios de Italia; la artillería hacía estragos entre aquella dispersión, y la caballería ponía espanto en los que huían. El cronista Bernal Díaz del Castillo comenta que Cortés mandaba con tal determinación que parecía que no había hecho otra cosa en su vida.

El imperio de los aztecas todavía estaba lejos, pero el emperador Moctezuma disponía de unos correos que pintaban cuanto sucedía en su reino. Cuando le representaron en sus lienzos lo sucedido en Tabasco, y cómo de unos tubos salían unas pelotas de piedra envueltas en fuego, y unos hombres barbudos con cuatro patas destruían cuanto se oponía a su paso, le dio por pensar si aquellos hombres no serían los dioses que venían allende los mares, según rezaban las profecías de su dios supremo, a quien conocían por el nombre de Quetzalcoatl. Esta idea mucho ayudó en la conquista.

Los aztecas constituían un verdadero imperio, organizado como tal, con sus «academias», a las que llamaban *calmecac*, en las que los nobles recibían todo tipo de enseñanzas, incluidas las militares. Los habitantes de la Confederación Azteca estaban muy avanzados y poco tenían que ver con las tribus dispersas características del resto de América del Norte. Para mantener sujeto el inmenso territorio sobre el que mandaban, los aztecas se tenían que mostrar muy duros con los pueblos que les eran tributarios: les cobraban, en concepto de tributo, la sal, el oro, las más hermosas doncellas y los mejores guerreros para sacrificarlos a Huitzilopotchli, que era otro de sus dioses, insaciable en lo que a sangre humana se refiere. Por tanto eran temidos y, sobre todo, odiados. De ello se sirvió también Cortés para conseguir alianzas de unos y otros, en ocasiones combatiéndolos y en otras concertándose. De este modo logró llegar a México-Tenochtitlán, que en noviembre de 1519 era la ciudad más hermosa que imaginarse cabe. Se asentaba en el valle de una bella altiplanicie, rodeada de láminas de agua que reverberaban al sol como si fueran de plata. Las casas eran de piedra y adobe, encaladas con tal primor que en el atardecer dorado parecían de oro, y algunos soldados soñaron que así era.

En esa fecha, 8 de noviembre de 1519, Cortés conquistó y no conquistó tan hermosa ciudad. Fue recibido con gran homenaje y muestras de sumisión por parte del emperador Moctezuma, pero el capitán español pronto advirtió que no todos en aquella enorme ciudad se mostraban tan propicios. Cuauhtémoc, yerno del emperador, no creía que los españoles fueran dioses, y presto comenzó a conspirar para deshacerse de ellos. A fin de cuentas, la tropa española contaba apenas cuatrocientos cincuenta hombres, y estaban rodeados por miles de enemigos.

Fueron aposentados en el palacio de Axayácatl, que había sido residencia del padre de Moctezuma. Allí, oculto tras un muro disimulado, los españoles encontraron un inmenso tesoro, con toda suerte de filigranas de plata y oro, y planchas del preciado metal, de tanto peso que algunas no las podían levantar ni entre dos hombres forzudos. Entonces fue cuando tomaron la determinación de no marcharse de aquel lugar sin llevar consigo semejante tesoro, y acordaron tomar preso a Moctezuma como rehén.

A Cuba ya había llegado la noticia de las riquezas halladas en el continente, y el gobernador Velázquez mandó a uno de sus capitanes, Pánfilo de Narváez, para que tomara preso a Cortés y prosiguiera la conquista, pero en nombre del gobernador. Eso obligó a Cortés a volver a la costa a combatir al intruso, lo que consiguió con astucia y decisión. Sin embargo, al poco de su victoria se enteró de que los aztecas se habían alzado en la ciudad de México. Contaban con no menos de 100.000 guerreros a las órdenes de oficiales formados en los *calmecac* y con Cuauhtémoc a la cabeza.

En México había dejado Cortés una guarnición que no alcanzaba los ciento cincuenta hombres, a las órdenes de Pedro de Alvarado, que lo único que pudo hacer fue refugiarse en el palacio, procurando mantener a raya a los aztecas con tiros de artillería.

Después de la victoria sobre Narváez, muchos de los soldados vencidos se incorporaron a las huestes de Cortés, que así logró reunir el ejército más cumplido que se viera en aquellas tierras: 1.500 soldados, noventa caballos y treinta piezas de artillería. Cuenta un cronista de la conquista, Bernal Díaz del Castillo, «que nuestro señor Cortés tomó muy a mal que los aztecas no quisieran tener por emperador al más grande de la cristiandad, nuestro señor Carlos V, y que de una vez por todas los iba a poner en el buen camino, y dispuso que todos, sin excusa de enfermos o heridos, nos retornáramos a México, y así lo hicimos por sierras y barrancos, con tal estruendo de cureñas de cañones y herraduras de las caballerías, que nuestro paso ponía espanto hasta en los zopilotes, y nada parecía que había de detenernos».

El día 24 de junio entró de nuevo Cortés en la ciudad de México, en medio de una multitud enmudecida. Los españoles pensaron que era del miedo que les producía la vista de aquel poderoso ejército que habría de castigarles por haberse alzado aprovechando la ausencia de Cortés. La guarnición española estaba exhausta, y los soldados tan hambrientos que se habían comido el único caballo que les dejaron. Alvarado, pálido, demacrado y sombrío, suplicó a Cortés: «Salgamos de aquí, si es que todavía es tiempo, que ya de poco vale que tengamos a Moctezuma preso, pues no le tienen por rey, y aun dicen que han nombrado a otro».

Cortés, haciendo caso omiso de esta súplica, dispuso que Diego de Ordás, al frente de cuatrocientos infantes y veinte caballeros, diera una batida de castigo a la ciudad rebelde. No habían pasado dos horas y aquella tropa, que pocos meses antes habría bastado para conquistar un imperio, volvía diezmada, con el propio Ordás herido en tres sitios distintos. A los españoles que hicieron prisioneros, que fueron no menos de veinte, los subieron al gran *teocali*[6] que se alzaba frente al palacio de Axayácatl, y a la vista de sus compañeros sitiados les sacaron el corazón con los cuchillos de

6. Templo en cuya parte superior había un ara para los sacrificios.

filo de obsidiana. Estaban tan cerca que el padre Olmedo, capellán del ejército, con desprecio de su vida, subido en lo alto de las albarradas del palacio les gritaba para que se encomendasen al patriarca san José, patrono de la buena muerte, al tiempo que les daba la absolución. Al padre Olmedo le alcanzó una piedra en la cabeza, pero ni aun herido quiso retirarse. Era tal el número de piedras que con hondas les tiraban los aztecas que rodeaban el palacio por sus cuatro costados, que parecían granizos caídos del cielo. Cortés, herido en la mano izquierda, ordenó retirarse a todos los hombres al interior. Allí, a cubierto de las pedreas, mandó construir tres máquinas de madera, a fin de que en su interior pudieran colocarse los escopeteros y ballesteros para intentar forzar una salida de aquella trampa mortal. Mientras tanto, los artilleros no daban crédito a sus ojos: pese a que los cañones estaban al rojo vivo por el continuo disparar, apenas se notaba el estrago de las mortíferas pelotas, pues nuevos guerreros sustituían a los caídos, como las olas del mar se suceden las unas a las otras. El contador Alonso de Ávila, capaz de hacer números en las más críticas situaciones, echó la cuenta y dijo que por cada español sitiado podía haber quinientos sitiadores, sin contar a las mujeres y a los niños, aunque estos últimos también tiraban piedras.

Parecía como si todo el odio contenido durante meses contra los que venían a destruir a sus dioses se hubiera desatado como el huracán después de la engañosa calma del bochorno. El padre Olmedo, sangrando profusamente por la cabeza, dijo: «Si tal es el número de enemigos y tal su decisión de acabar con todos nosotros, más vale que le pidamos a Moctezuma que les mande parar, que nosotros abandonaremos de grado la ciudad».

Esto lo comentó delante de Cortés, que nada dijo, y el fraile, interpretando que el que calla otorga, fuese a los aposentos del regio prisionero, a quien encontró sumido en el pasmo precursor de la muerte. Le dijo que tenía que pedir a su pueblo que cesara la lucha y dejara marchar a los españoles por el bien de todos. Al cabo le persuadieron, pero como si fuera consciente de lo que le esperaba, dijo que no quería salir desaseado. En grandes calderos pusieron agua a calentar y la Malinche, la amante de Cortés, se encargó de bañarlo, perfumarlo y revestirlo con los atributos de su realeza. Cuando le vieron en toda su majestad, los que le asistían cobraron esperanzas de que su pueblo se inclinaría, de nuevo, ante aquel a quien tenían por un dios. Lo sacaron a una azotea que daba sobre la plaza principal y cuando los que estaban más próximos advirtieron su presencia, por un momento callaron, hasta que una voz —que dicen que fue la de Cuauhtémoc— bramó: «¡No podemos escuchar a quien se ha convertido en mujer de los españoles!». Arreciaron de nuevo los honderos, y pese al esfuerzo de los soldados que le protegían con sus rodelas, a Moctezuma le alcanzaron tres piedras, una en la cabeza, otra en un brazo y otra en una pierna, y aunque ninguna de las heridas era mortal, de ellas murió a los tres días, sumido en un silencio del que no logró sacarle ni el padre Olmedo, que no se separó de él ni de día ni de noche.

Cortés dispuso que el cadáver de Moctezuma fuese entregado a su pueblo para que lo enterrasen conforme a sus ritos, y así se hizo. Sin embargo, a los aztecas les dio por decir que lo habían matado los españoles, y de tal modo arreciaron los combates que en consejo de capitanes se tomó la decisión de abandonar la ciudad, pues de continuar en ella ninguno saldría con vida. Acordaron intentar la retirada por la calzada de Tacuba, por ser la más corta, y comenzó un forcejeo para prepararla que habría de durar cuatro días. Sirvieron de gran ayuda las tres máquinas de guerra que mandó construir Cortés, pues a su resguardo los ballesteros y escopeteros lograban avanzar y permitían a los infantes consolidar la calzada sobre la que habría de pasar el grueso del ejército. Pero advertidos los aztecas de sus intenciones, lo que por el día habían conseguido los españoles, lo destruían ellos por la noche, haciendo cortes por los que entraban las aguas del lago, inundando así la única vía de salvación para los que ya sólo soñaban con la huida.

Cortés, que apenas una semana antes se mostraba ensoberbecido al frente de lo que consideraba un ejército invencible, recuperó la serenidad de juicio en él habitual, e intentó por medio de algunos nobles aztecas del séquito de Moctezuma negociar su salida de la ciudad. Pero la respuesta de Cuauhtémoc fue terminante: «No puedes salir con vida de aquí, pues si lo consiguieres, querrías volver». Cuentan que a Cortés le halagó la respuesta, y dijo que bien le conocía quien así hablaba, pues con la ayuda de Dios saldrían y, a su tiempo, volverían a por lo que era suyo. Esto lo decía porque con Moctezuma habían firmado documentos por los que el pueblo azteca aceptaba la soberanía del emperador don Carlos, y Cortés era muy respetuoso en el cumplimiento de lo escrito.

Eligieron para la salida definitiva la noche del día 30 de junio de 1520, a la que luego recordarían como la Noche Triste, y razón no les faltó para llamarla así, pues más amarguras no pudieron concitarse en tan aciaga jornada. Con la solemnidad que las circunstancias requerían, comenzó Cortés por levantar acta ante escribano de la entrega del quinto real del fabuloso tesoro de Axayácatl, y se hizo cargo de él el contador real, Alonso de Ávila. Para su acarreo puso a su disposición nueve caballos, una yegua y ochenta *tamemes* tlascaltecas, más una guardia de diez escopeteros, veinte ballesteros y treinta soldados de a pie. En cuanto al resto del tesoro, permitió que cada soldado cogiera de él lo que tuviera a bien, aunque advirtiéndoles que cuidaran con el peso de lo que tomaban, pues ignoraban lo que les esperaba. Aprovechó el padre Olmedo para echarles un sermón, a la luz de las antorchas, sobre la banalidad de las riquezas humanas, pero los pobres soldados cargaron con cuanto pudieron, sobre todo los de Narváez, que estaban menos acostumbrados a ver oro en tales cantidades. A muchos tan triste codicia les costó la vida.

Estaba la noche oscura y metida en aguas. Lo primero ayudó a que cuatrocientos *tamemes* y ciento cincuenta soldados al mando de Gonzalo de Sandoval, sin ser advertidos, pudieran colocar un puente de madera en un gran corte que habían hecho los aztecas en la calzada. Sin embargo, lo segundo les perjudicó, porque las aguas eran de una lluvia neblinosa que ablandó las tierras hasta tal punto que las ruedas de los cañones comenzaron a hundirse, al tiempo que los caballos resbalaban, cayendo al lago en medio de dolorosos relinchos.

Alertados los centinelas mexicanos, en pocos momentos se llenó el lago de canoas repletas de guerreros que con formidable gritería acometieron a los que escapaban. Cortés, espada en mano, flanqueado por Alvarado y Velázquez de León, defendió el puente y consiguió que pudiera pasar la artillería y parte del tesoro real, pero al cabo pudieron más los aztecas, cedió el puente y en esa embestida murieron ahogados no menos de treinta españoles, unos porque no sabían nadar, pero los más por el peso del oro maldito. Cortés y Sandoval salieron a nado de aquel apuro y lograron llegar hasta la tierra firme de Tacuba. Eran ambos tan buenos capitanes que dejando lo salvado al cuidado de Diego de Ordás, volvieron de nuevo a la mortal calzada para continuar una evacuación que se estaba convirtiendo en imposible, pues los aztecas, grandes nadadores, se aproximaban buceando a los bordes de la calzada y entre varios cogían por las piernas a los pobres soldados y se los llevaban con ellos. Eran tan diestros en moverse entre las aguas, que conseguían sacarlos con vida para poder sacrificarlos a Huitzilopotchli. Precisamente a tal fin los sacerdotes habían encendido hogueras al pie del palacio de Axayácatl, y según llegaban los tomaban por las cuatro extremidades y les sacaban el corazón con sus cuchillos de filo de obsidiana. Lo hacían con tal premura para que el dios, agradecido, correspondiera dándoles la victoria definitiva sobre los españoles.

Llegó un momento en el que las antorchas de las

innumerables canoas indias que rodeaban la calzada de punta a cabo iluminaban aquel camino de muerte como si fuera de día, y muchos españoles, en lugar de obedecer a Cortés, que les urgía a abrirse paso dándoles ejemplo espada en mano, pretendieron refugiarse de nuevo en el palacio; pero éste ya estaba ocupado por los aztecas, que, según llegaban, los prendían y los entregaban a los sacerdotes para que les sacaran el corazón.

Lo que hizo Cortés aquella noche no es para ser descrito, y en una ocasión a punto estuvieron de llevárselo los nadadores aztecas, pero ya en las aguas logró desprenderse de ellos y medio ahogado volvió a ponerse al frente de los suyos.

Al amanecer, los que habían logrado salir de aquel infierno se refugiaron en un *teocali* de Tacuba, con cierta protección de la artillería, aunque no demasiada, porque gran parte de la pólvora, mojada, había quedado inservible. Si los aztecas hubieran continuado con su empuje habrían acabado con ellos; pero no lo hicieron por su afán de dar culto a su espantoso Huitzilopotchli, terminando de sacrificar a cuantos prisioneros tomaron con vida.

Hicieron recuento y los españoles que faltaron a lista fueron seiscientos veintisiete, entre ellos los capitanes Juan Velázquez de León, que murió con la espada en la mano para que Cortés y Sandoval pudieran alcanzar a nado la tierra firme de Tacuba; Francisco de Saucedo, de Medina de Rioseco, tan pulido que era conocido como *el Galán*, y que cuentan que no perdió la compostura ni cuando se encontró frente a los horrendos sacerdotes que le arrancaron el corazón; Gonzalo Domínguez, gran jinete, que habría podido salvar la vida de no empeñarse en salvar también la de su caballo; Francisco de Morla, de Jerez de la Frontera, que fue el primer jinete español al que los indios, en la batalla de Tlascala, cortaron el cuello de su yegua, y en ésta de la calzada de Tacuba, se la cortaron a él; Diego Lares, capitán de ballesteros, hombre de carácter apacible, con ojo de halcón para lanzar el dardo pero poco dado a pelear cuerpo a cuerpo, y ahí estuvo su perdición; Solís *el Anciano*, el capitán más viejo de la conquista, que murió de un ahogo por no soltar una rueda grande de oro que llevaba atada al cuello. En cuanto a los soldados, muchos fueron los que murieron ricos de oro, en el fondo del lago. A todos por igual lloró Cortés, y pese a los ruegos de sus capitanes para que sin demora levantaran el campo, no lo consintió hasta que el padre Olmedo celebró funerales de *corpore insepulto* por tantos compañeros queridos como habían perdido la vida al servicio del más grande emperador de todos los tiempos.

De aquella noche salió Cortés con una cuchillada en la pierna derecha, de mala encarnadura, que durante algún tiempo le hizo delirar por la fiebre. Y delirio parecía cuando decía que habían de aprestarse a hacer navíos. Sus capitanes pensaban que sería para retornar a Cuba, pero él decía que habían de ser para volver allí, a recuperar lo que era suyo por derecho y por conquista.

Cuentan los cronistas antiguos que lo único «bueno» que hicieron los soldados de Narváez fue traer con ellos la viruela, de la que murieron muchos indios y entre ellos Cuitlahuac, hermano de Moctezuma, que fue quien le sucedió como emperador de los aztecas. La misma noche del triunfo le entró una calentura que los hechiceros interpretaron de buen augurio, y en cuanto a las manchas rojas que cubrieron todo su cuerpo entendieron que era como un manto púrpura que Huitzilopotchli le enviaba como premio a su tesón en combatir a los falsos dioses. Cuitlahuac, que bien conocía las pasiones de su sobrino Cuauhtémoc, procuró mantenerle lejos del mando y nombró como capitán general del temible ejército azteca a Ciuacoatl, que tenía el rango de «Mujer-Serpiente», una altísima dignidad del imperio. Ciuacoatl se preocupaba más de sus aderezos de plumas y del lucimiento personal, y en lugar de perseguir sin tregua a los que huían, decidió dar un rodeo y esperarlos en las llanuras de Otumba, soberbio escenario por su belleza natural para el triunfo definitivo. Esto le llevó siete días, que fueron suficientes para que el ejército de Cortés, maltrecho y derrotado, pasara de la muerte a la vida. Hizo Cortés recuento de los que quedaban y resultaron ser cuatrocientos cuarenta infantes, doce ballesteros, siete escopeteros y veinte caballos. A uno de éstos, cojo del remo derecho, lo mandó sacrificar, y de él comieron todos. Y a un soldado que comió del hígado de un herido muerto por el camino lo mandó ahorcar.

«Consideren vuestras mercedes que menos éramos cuando conquistamos México por la primera vez y menos conocedores de las malas artes de estos perros. Ahora, advertidos como estamos, hemos de hacer que podamos con ellos, sin remedio», dijo Cortés a los suyos camino de Tlascala, donde esperaban encontrar refugio. Y contemplando la hermosura de los campos y las montañas, añadió: «Tengo para mí que esta tierra, por su grandeza y por los fríos que en ella hace, tiene parecido con la nuestra, por lo que en nombre del emperador don Carlos propongo se nombre como la Nueva España y tome nota de ello el señor escribano».

El comer de la carne del caballo y el saberse en una tierra que llevaba el nombre de su patria animó mucho a los pobres soldados, que cuando se enfrentaron al poderoso ejército azteca en las llanuras de Otumba lo hicieron convencidos de que Dios habría de ayudarles a conservar lo que consideraban suyo.

En esta ocasión, hasta los más escépticos, como el cronista-soldado Bernal Díaz del Castillo, aceptan que les hubiera ayudado el apóstol Santiago —aunque él recalca que no lo vio por ninguna parte—, pues de primeras perdieron dos caballos, uno de ellos la yegua de Pedro de Alvarado, y el combate se les puso de través cuando, de repente, Cortés alcanzó a divisar entre los aztecas a la Mujer-Serpiente, muy ufano y presumido, con su bandera al viento, sus ricas armas de oro y sus grandes penachos de argentería. A él se fue, seguido de Juan de Salamanca, natural de Ontiveros, que montaba sobre una yegua overa. Fue este soldado quien remató al cacique cuando ya estaba en el suelo y le tomó la bandera, entregándosela a su capitán, que la vio primero. Pero Cortés dijo que suya era, pues él la había tomado; así en su día lo testificó, y el emperador don Carlos otorgó por este hecho título de nobleza a Juan de Salamanca, con derecho a figurar en el repostero de su escudo de armas la enseña de Ciuacoatl.

El milagro del apóstol Santiago consistió, dicen, en que aquel día ninguno de los pobres soldados sintió cansancio ni fatiga alguna, pese a que muchos de ellos estaban heridos o con fiebres, y no se cansaban de matar contrarios ni les daba miedo a ellos el poder ser muertos. Además, después de caer la Mujer-Serpiente, Cortés les ordenó que sólo atacaran a los que llevaban plumajes con adornos de oro y plata, y así lo hicieron, con tanto acierto que los escuadrones aztecas, según perdían a sus jefes, se iban retirando. A la media tarde dejaron el campo libre.

Gracias a la victoria de Otumba, los que salieron de México huidos y derrotados entraron en territorio de sus aliados tlascaltecas con el aura de una nueva victoria sobre sus opresores mexicanos. Éstos de Tlascala fueron de los que se opusieron en un primer momento al paso de Cortés por sus tierras, y le combatieron ferozmente, pero logró vencerles y luego convencerles de que les traía cuenta ser sus aliados frente a los aztecas, sus enemigos ancestrales que les robaban las mujeres y la sal.

A su regreso de Otumba se confirmaron en esta amistad, y como eran muy belicosos, Cortés se sirvió de ellos para atacar los puestos avanzados que los mexicanos, desde tiempo inmemorial, tenían en territorio de Tlascala. Tan bien les iba a los tlascaltecas peleando a las órdenes de los españoles, que los más jóvenes e impulsivos preguntaban cuándo habían de volver sobre México, a lo que Cortés les replicaba que no habrían de volver sobre ella dejando ningún enemigo a sus espaldas, y que la ciudad de la laguna caería cuando estuviera madura para ello.

Después de la Noche Triste Cortés la tenía tomada con los mexicanos, y se refería a ellos llamándolos «perros», cosa que antes nunca hiciera, y consintió que se estableciera un mercado de esclavos con los prisioneros aztecas a los que se perdonaba la vida, como era costumbre a la sazón en todos los pueblos civilizados.

El padre Olmedo, con lágrimas en los ojos, le rogó que no consintiera en lo que, según los Santos Padres, era contrario a natura y a las enseñanzas de Nuestro Señor Jesucristo. Cortés se quedó pensativo por el mucho respeto que sentía por el fraile mercedario, pero recurriendo a sus conocimientos salmantinos le arguyó que, según san Buenaventura, la esclavitud era remedio para contener la malicia de algunos hombres y pena establecida legalmente para crímenes graves. ¿Y acaso podía haber crímenes más graves que las sodomías y los canibalismos a los que se entregaban los aztecas?

Tanto porfió el padre Olmedo en defensa de los indios que Cortés consintió en limitar la esclavitud como pena para los delitos más graves, entre los que se contaban comer carne humana y hacer la guerra a los españoles. De todos modos el mercado de esclavos alcanzó gran prosperidad, pues durante aquel año se dedicó Cortés a combatir a todas las guarniciones que tenían los mexicanos en territorio de Tlascala, y a los que se oponían a abandonar lo que no era suyo los castigaba herrándoles con la letra «G» para que se supiera que eran prisioneros de guerra. Era costumbre tomar también a las mujeres por esclavas, y por culpa de este mal hábito tuvo problemas Cortés, pues resultó que los capitanes se quedaban con las jóvenes y dejaban las viejas y feas a los de tropa, lo cual estuvo a punto de provocar un motín que Cortés cortó disponiendo que todas ellas se vendieran en almoneda y se adjudicaran al mejor postor. Pero no por eso acabó la polémica, ya que al socaire de las almonedas comenzó a circular oro que los soldados habían ocultado al contador real, y aunque Cortés solía hacer la vista gorda a tales debilidades, en esta ocasión hubo de intervenir, pues empezaron a organizarse partidas de naipes en las que los pobres soldados se jugaban dineros y mujeres, y no era extraño que las timbas terminaran en riñas acompañadas de atroces blasfemias.

En la Navidad de aquel año se inició en el valle de Tlascala la construcción de trece bergantines, con maderas traídas del Chalco. En aquel insólito astillero, tan lejos de la mar, comenzaron a trabajar setecientos artesanos tlascaltecas a las órdenes del carpintero de ribera Martín López, que en su pueblo era aprendiz de arreglar barcas viejas y en esta parte del mundo alcanzó tal gloria que llegó a tener escudo nobiliario en cuyos reposteros lucían trece bergantines con sus velas al viento. El aparejo, el velamen y los herrajes los trajeron de Veracruz, de las naves en las que llegó Narváez, y los pobres soldados bromeaban a costa de él, diciendo que en buena hora llegó el *pánfilo* trayendo la viruela para los indios y el aparejo para ellos.

Decía Cortés que no había música mejor para sus oídos que la de los martillos y los serruchos trabajando la madera de los navíos, y siempre que podía se acercaba al astillero a charlar con Martín López, a quien trataba con más deferencia que a sus capitanes cuando regresaban victoriosos de sus expediciones de castigo a los aztecas.

En el mes de marzo de 1521 se procedió a portear los trece bergantines desde los bosques de Tlascala hasta las orillas del lago de Tenochtitlán. Para tan delicada empresa nombró Cortés a Gonzalo de Sandoval, el mejor de los capitanes, que dispuso de 8.000 tlascaltecas que llevaron las naves —desmontadas— a cuestas, enardecidos y orgullosos, pues tales maravillas les contaba el carpintero Martín López que harían aquellos maderos cuando estuvieran armados y aparejados, que los indígenas pensaban que estaban asistiendo al nacimiento de nuevos dioses.

Mientras tanto Cortés fue pacificando, como él decía, todos los poblados que rodeaban la laguna, y el que más le costó fue Xochimilco, que le llevó tres días de cruentos combates, en uno de los cuales a punto estuvo de perder la vida, y si la salvó fue gracias a Cristóbal de Olea, que de tal modo expuso la suya que recibió tres heridas graves. Como premio le dijo Cortés que había de estar junto a él siempre en el combate, para protegerle, y de tal modo cumplió el caballero que en la batalla final de México murió cubriendo con su cuerpo el de su capitán.

Como castigo a los resistentes ordenó Cortés quemar y asolar la hermosísima villa de Xochimilco, herrando a todos sus habitantes con la «G» de la esclavitud. Mucho se lamentaba el padre Olmedo de ese modo de pacificar, pero Cortés le replicaba que tales eran las leyes de la guerra entre cristianos y paganos. Los soldados le daban la razón a su capitán, quien, tratándose de los *perros* aztecas, les consentía que se apoderasen de sus riquezas, y fue entonces cuando muchos empezaron a medrar. Ya no había ningún soldado que no llevara consigo sus naborías, que así llamaban a los criados, amén de una o varias mujeres y esclavos, bien para su servicio o para intercambio o rescate. Llegó a un punto la cosa que Cortés dijo que tanto botín podría estorbarles para pelear y que habían de dejar a buen recaudo parte de él, pero los soldados se le enfrentaron y Bernal Díaz del Castillo, que era de los más antiguos y desenvueltos, le dijo en nombre de todos: «¿Es que acaso no somos hombres para defender nuestra hacienda y nuestras mujeres y aun la misma vida de vuesa merced? Si las abandonamos lo tendrían nuestros enemigos por poquedad y sería desdoro». Parece ser que a Cortés le hizo gracia aquella salida y consintió en dejar las cosas estar.

El 28 de abril de 1521 vio Cortés colmado su sueño y pudo botar al agua los trece bergantines engalanados de gallardetes como para una fiesta, pero en su interior llevaban la muerte en forma de troneras para los arcabuces y cañones, amén de parapetos en cubierta para los ballesteros. Los que conocían bien a Cortés se dieron cuenta de cuánto se emocionó al hincharse las velas al viento y ver deslizarse suavemente las naves sobre la tersa lámina del lago.

«Antes teníamos sólo tres calzadas para entrar o salir de esa hermosa ciudad, y ahora tenemos tantas como navíos. Pero no hemos de entrar en ella hasta que no esté bien arruinada de guerreros. Y cuando entremos será para no salir, pues nuestra ha de ser para siempre, o en ella hemos de morir» —dijo a los que estaban más próximos, con la palidez de las grandes decisiones.

Era un día claro, luminoso, y en la distancia se ofrecía la ciudad de México más bella que nunca, reverberando el blancor de sus casas y palacios sobre las azules y transparentes aguas del lago. Cortés mucho se lamentó de que hubieran de destruir tanta hermosura, y siguiendo los impulsos de su corazón destacó una nave con el escribano real, quien requirió a los aztecas para que se rindieran y le devolvieran la ciudad como representante que era en la Nueva España del emperador don Carlos. Comenzó a leer el escribano, con gran detalle, los documentos que había suscrito el gran emperador Moctezuma rindiendo vasallaje a quien era más grande que él, pero los *mexicas* respondieron con una lluvia de bolas de piedra, algunas muy dañinas, porque habían aprendido de los españoles el arte de lanzarlas con balistas. Respondió la nave con sus cañones y así comenzó el cruento sitio de Tenochtitlán, que habría de durar más de tres meses.

Estaba ya de emperador de los aztecas el joven Cuauhtémoc, que sucedió al que murió de las viruelas. Era un lúcido y valeroso guerrero que entendía que no debía combatir a los españoles en campo abierto, donde éstos podían maniobrar con sus caballos y arrasar con sus cañones, sino que había de provocarles a entrar dentro del recinto de la ciudad, donde eran más vulnerables, como ya se demostrara en la noche de la calzada de Tacuba.

Sin embargo, Cortés había aprendido la amarga lección y, siguiendo el ejemplo de sus mayores en tantos siglos de guerra con los moros, estableció el sitio de la ciudad comenzando por destruir el grandioso acueducto de Chapultepec, que la abastecía de agua potable. Así consiguió que desde los primeros días los *mexicas* sufrieran el tormento de la sed y a continuación del hambre, porque con aquellas aguas regaban los huertos que les proveían de toda clase de verduras y legumbres.

Los sitiados tuvieron que arriesgarse a tomar aguas del lago, en las partes que no era salobre, pero los españoles desde los navíos los flechaban y cañoneaban, siendo pocos los que conseguían retornar al recinto. Como fuera costumbre que de la guerra vivieran muchas gentes, comenzaron a aparecer por las orillas del lago comerciantes indígenas de otras tribus, que arriesgaban sus vidas por traficar alimentos con los sitiados. Pero advertidos los españoles, navegaban día y noche en los bergantines, y cuando los sorprendían en sus canoas, en el acto los colgaban de las antenas y luego los paseaban así, colgados, para que sirviera de advertencia a los codiciosos.

Frente a la ciudad sitiada se alzaba soberbio y amurallado el peñón de Tepopolco, el que fuera regio cazadero de Moctezuma, y con él consiguieron hacerse los españoles después de cruentos combates en los que sólo dejaron con vida a las mujeres y a los niños. Allí asentaron la base de sus navíos. Desde ella se podían mover con tal holgura por todo el lago y hostigar de tal manera a los sitiados, que Cuauhtémoc decidió atacarles. A tal fin organizó una flota de canoas, de tales proporciones, que en la distancia parecía como si una isla de grandes dimensiones se desplazara sobre las aguas. Gonzalo de Sandoval, el mejor estratega de la conquista, recomendó a su capitán levar anclas y no aceptar desigual combate frente a aquella masa enardecida, pero Cortés mojó su dedo índice con saliva, lo puso al aire, y determinó: «Por la parte en que antes se me ha secado este dedo entiendo que la Providencia nos ha de mandar vientos favorables que sería ofensa el no aprovecharlos». Y después de rezar la *Salve marinera* mandó levar anclas encareciendo a los capitanes de los navíos que no embistieran a las canoas hasta que él no lo ordenase, y la señal sería un tiro de lombarda. Aguantaron las naves quietas, con las velas tendidas, largas las escotas, y hasta los más valerosos soldados de la conquista temblaron ante aquella nube de furia que se aproximaba, pues ya se veían, como en la Noche Triste de Tacuba, rodeados de nadadores que habían de trepar a los navíos, arrastrarlos a las aguas y de allí al altar de Huitzilopotchli. Los que aguardaban en los bergantines no pasaban de los trescientos, y los que se aproximaban a golpe de remo, en medio de atroz gritería, no bajaban de los 20.000. Cuando ya apenas quedaba espacio para maniobrar las naves, se levantó un terral seco y duro que venía de la sierra, y Cortés, desde la nave capitana, ordenó disparar la lombarda. Embistieron las naves, las velas hinchadas al viento, y se llevaron por delante aquella masa de canoas, quebrándolas, hundiéndolas, disparando tiros de escopeta y de ballesta contra los que pretendían salvarse a nado. Las que se libraron del envite dieron vuelta, pero Cortés, aprovechando viento tan favorable, las persiguió y cañoneó hasta encerrarlas en la ciudad.

Gracias a esta embestida lograron llegar al pie del gran *teocali*, en donde hicieron un asentamiento de artillería y, a su amparo, fueron desembarcando a sus aliados tlascaltecas, que comenzaron a luchar con furia y gozo contra sus enemigos aztecas. Las fuerzas de Cortés, a la sazón, eran de ochocientos de a pie, noventa de a caballo, setenta ballesteros y cuarenta arcabuceros, más tres cañones grandes con ruedas y quince pequeños de cureña fija. De los soldados algunos eran nuevos, venidos de las islas al rumor de las conquistas de Cortés. A éstos trataba con mucho miramiento, para ganárselos, al punto de que los veteranos murmuraban de ello, sobre todo cuando les igualaba en el reparto del botín. Pero pronto les contentaba Cortés, con su modo de hablar sosegado y convincente, diciéndoles que todo lo suyo era de ellos, y dándoles oro de su bolsa.

Tanto les enardeció el triunfo naval que, desde la privilegiada posición al pie del gran *teocali*, comenzaron a reconstruir las calzadas que los mexicanos habían cortado, y por ellas lanzaron a los tlascaltecas para apoderarse de los principales barrios de Tenochtitlán. El 30 de junio de 1521, justo un año después de la Noche Triste, se empeñaron los dos principales capitanes de la conquista, Gonzalo de Sandoval y Pedro de Alvarado, en llegar a todo trance hasta la plaza central, cada uno por su lado, porque traían pugna entre ellos por colocar en su escudo heráldico tan insigne hecho de armas. Dicen que Cortés consentía y aun fomentaba esos piques entre sus capitanes, pero en esta ocasión hubo de arrepentirse pues, como si tal día y mes del año fuera aciago para la conquista, los aztecas desbarataron a las respectivas vanguardias ocasionando tal mortandad que las aguas por aquella parte del lago se colorearon de rojo. Baste considerar que de las tropas de Alvarado tomaron los mexicanos veinte soldados vivos, y de las de Sandoval cincuenta y tres y, según los cogían, los subían a lo alto del *teocali*, donde eran sacrificados a Huitzilopotchli bajo los lúgubres redobles del tambor sagrado. Estaban tan próximos sitiados y sitiadores, que los españoles tenían por fuerza que contemplar cómo sacrificaban a sus compañeros, y los aztecas, para que no dudaran del alcance de su victoria, les arrojaban desde las gradas las cabezas de los inmolados y lo mismo hacían con las de los caballos que lograban tomar, que en eso les trataban como si fueran personas. Para colmo de desdichas, no por maldad sino porque ésos eran sus ritos, obligaban a los que iban a sacrificar a ponerse plumas en la cabeza y a llegar bailando hasta el altar, aunque para ello los tuvieran que arrastrar entre cuatro.

Después de tan luctuosa jornada dispuso Cortés que, según avanzaran sus tropas, habían de destruir las casas para que no pudieran volver los defensores a ellas durante la noche. A tal fin mandó traer labradores otomíes, que eran muy diestros en el manejo de unos palos, a los que llamaban *coas*, de los que se servían para cavar la tierra, y que en esta ocasión emplearon para hurgar en los cimientos hasta que las casas se venían abajo. Lo hacían los otomíes con mucho entusiasmo pues, por los muchos años que llevaban sujetos al dominio de los aztecas, entendían que desapareciendo la ciudad desde la que les sojuzgaban, habían de ser libres ya para siempre.

En cambio, Cortés se lamentaba de tener que destruir la ciudad de sus sueños y, aunque no cejaba en sus esfuerzos de conquista, mandaba mensajeros a Cuauhtémoc diciéndole que, si se rendía, le daría los honores que se merecía su valeroso comportamiento y su dignidad real. Algunos de estos mensajeros eran nobles que habían caído prisioneros, pero Cuauhtémoc mandó convocar al Gran Consejo de Guerra y les advirtió que, si se rendían, los españoles les darían tormento hasta sacarles todo el oro que hubiera en la ciudad, y luego los matarían. El Consejo decidió luchar hasta morir y Cuauhtémoc advirtió que, en lo sucesivo, al que le demandara hacer paces, él lo mandaría matar.

Para entonces andaban ya los sitiados tan míseros que se alimentaban hasta de las raíces de los árboles, y la ciudad estaba tan arruinada que los humores de los cadáveres insepultos se alzaban en forma de nubes moradas, al atardecer. Era costumbre cuando se sitiaba a una ciudad el no dejar salir de ella a las mujeres y a los niños, bocas a las que había que alimentar, para así agravar la situación de los sitiados. Como Cortés no pudiera soportar la vista de madres famélicas merodeando en la noche por las afueras de la ciudad en busca de cualquier piltrafa para sus hijos, les consentía salir y aun ordenaba que se les diera de comer. Sin embargo, hasta esta caridad le resultó vedada, pues sus aliados tlascaltecas procuraban anticiparse a los españoles y cogían a las mujeres y a los niños, bien para herrarlos como esclavos, bien para sacrificarlos y comérselos.

Cuentan que esta parte de la conquista fue la que peor llevaba Cortés, quien no hacía más que recordar, con nostalgia, la primera vez que entraron en aquel vergel de la mano y amistad de Moctezuma. Se lamentaba de que por culpa de Diego Velázquez, que mandó en su contra a Pánfilo de Narváez, se hubiera perdido tan hermosa y pacífica conquista. Algunos de sus capitanes le consolaban diciéndole que antes o después habría sido necesario hacer tal escarmiento.

A principios del mes de agosto tomaron un prisionero azteca muy notable, hermano de padre de Cuauhtémoc, muy querido de éste, y lo enviaron a donde el emperador en misión de paz. Pero Cuauhtémoc, fiel a su juramento, con lágrimas en los ojos, lo mandó sacrificar a Huitzilopotchli. Rabioso porque a ello le hubieran obligado los españoles, desencadenó un furioso ataque contra los sitiadores que costó muchas vidas en ambos bandos. «Si a su propio hermano no respeta —dijo Cortés—, cuanto antes terminemos, mejor».

El 13 de agosto de 1521, festividad de San Hipólito, después de una noche en la que parecía que se hundían los cielos de tanto llover y tronar, ordenó Cortés un ataque que había de ser el definitivo. A Gonzalo de Sandoval lo puso al frente de su bien más preciado, los trece bergantines; a Pedro de Alvarado ordenó atacar por el camino más corto, la calzada de Tacuba; y Cortés en persona se puso al frente del grueso de las tropas para atacar por la calzada principal, que era la de Iztapalapa. Tan bien dispuso el ataque que a las dos horas de su comienzo los cadavéricos supervivientes del sitio huían en desbandada y Cortés tuvo más trabajo en contener a sus aliados indígenas que en combatir a los que ya estaban vencidos. A pesar de estos esfuerzos, los fieles pero feroces tlascaltecas sacrificaron en aquella jornada no menos de 15.000 almas.

Cuauhtémoc y la flor de su ejército se refugiaron en las canoas e intentaron huir de la ciudad, dicen que con intención de refugiarse en las montañas para desde ellas seguir combatiendo a los españoles. Dada la confusión de aquella amarga jornada lo habría conseguido si no llega a ser porque el vigía de la nave capitana, un grumete llamado Verderán, muchacho de tantas luces que acabaría siendo regidor de la ciudad de Chiapa, advirtió que en una de las numerosas canoas que se movían por el lago los remeros remaban en una extraña posición, para que en ningún caso sus rostros pudieran mirar de frente a quien se sentaba en la popa, que no podía ser otro que el emperador de los aztecas. Pese a que Cortés les había recordado que a enemigo que huye, puente de plata, Sandoval entendió que tan sabio refrán no rezaba para tan egregio personaje y desplegó tres naves en pos de él. Le alcanzó la más velera, la *Santa Eufemia*, mandada por el capitán Garci-Holguín, quien lo hizo prisionero con las deferencias propias de su condición real.

Advertido Cortés de la captura, mandó montar un estrado en el borde de la laguna, con dos sillas de brazos, y sobre él esperó la llegada del último emperador de los aztecas. La solemnidad del momento quedó un poco deslucida por la pendencia que se traían Gonzalo de Sandoval y Garci-Holguín sobre a quién correspondía la honra de haberle hecho prisionero. Cortés cortó la discusión con severidad diciéndoles que ya decidiría, y al cabo decidió atribuírsela a sí mismo, y como tal se incluyó en su escudo de armas. A Cuauhtémoc lo recibió con muchas muestras de respeto y le hizo sentar junto a sí, pero el azteca, desconsolado por su derrota, comenzó a sollozar y dijo a Cortés: «He hecho a lo que venía obligado, como buen rey, en defensa de mi pueblo y de mis vasallos; como prisionero ya nada puedo hacer y te ruego que me des la muerte con tu puñal».

Y con un rápido ademán quiso tomar el puñal de Cortés, pero éste se lo impidió y comenzó a prodigar palabras de consuelo, que de poco sirvieron, pues el prisionero no dejaba de llorar y con él los dignatarios aztecas que habían seguido su suerte, y tal era su pena que muchos de los españoles, sin saber lo que se hacían, terminaron también llorando.

Con lágrimas terminó lo que con tan buen pie había comenzado, y cuenta el cronista-soldado Bernal Díaz del Castillo que después de noventa y tres días de batallas sin cuento, sin que ni de día ni de noche cesasen las griterías de los aztecas, los lúgubres redobles de sus tambores, el estruendo de los disparos, los lamentos de los heridos y las voces de mando de unos y de otros, al hacerse el silencio se quedaron todos como sordos, con el aire un poco enajenado, deambulando por la ciudad en ruinas como fantasmas.

Cajamarca, la colonización del Imperio del Sol

En el siglo XV los reinos españoles eran países relativamente importantes que se codeaban, aunque no siempre, con Francia e Inglaterra, o con los diferentes Estados que componían Italia o Alemania... En el siglo XVI la España recién unificada se convierte en una inmensidad gracias a dos hombres que hacen de ella la nación más poderosa de la Tierra. Uno de ellos es Hernán Cortés, que aportó a la corona de Castilla territorios y riquezas que parecía que no habían de tener fin; el otro es Francisco Pizarro, unido con el anterior por lazos de parentesco —se decían primos—, y que hizo otro tanto.

De las tierras recién descubiertas y conquistadas llegaba a la metrópoli el oro a carretadas, oro que sus majestades se encargaban de dilapidar en interminables contiendas por un palmo de terreno en toda Europa. Sin embargo, en los tres siglos que España tuvo territorios más allá del mar, ninguno de esos monarcas se tomó el trabajo de atravesar el océano para ver qué es lo que había allende los mares, y la primera vez que uno lo hizo, ya no era rey de aquellas tierras.

Admira que con escasa diferencia de años dos hombres, ambos procedentes de la Extremadura, conquistaran los dos únicos imperios que había en el continente americano, uno en el norte y otro en el sur. Imperios con vocación y organización de tales, como ya hemos tenido ocasión de comprobar en el caso de México, y como vamos a constatar, incluso en mayor medida, en el del Perú. Además, en ambos casos la conquista se produjo de manera inimaginable para nuestra mentalidad del siglo XXI, dada la desproporción de fuerzas entre conquistadores y conquistados.

Francisco Pizarro, descubridor del Perú, no fue menos expeditivo que Cortés a la hora de conquistar, y al igual que éste tuvo que deshacerse de miles de indígenas para conseguir sus fines. Sin embargo, no dejó tan mal recuerdo en el Perú como Cortés lo dejó en México. Al menos existe una estatua ecuestre suya en la plaza de Armas de Lima, y su cuerpo reposa en un hermoso sepulcro en la Capilla de los Reyes de la catedral, mientras que en el Cuzco se levanta un gran monumento en honor de su hermano Gonzalo Pizarro, descubridor del Amazonas. Y es que conviene aclarar que en realidad no se debería hablar de Pizarro, sino de «los Pizarros»: Francisco es el conquistador por excelencia, el marqués de la Conquista, pero para llevar a cabo su hazaña contó con la ayuda de sus hermanos Gonzalo, Hernando y Juan, de los que habrá ocasión de hablar.

Don Francisco, a diferencia de Cortés, era analfabeto, y sólo al final de sus días aprendió a juntar las letras lo suficiente para poder firmar documentos en su condición de gobernador, y poco más. En cambio, desde su más tierna juventud fue soldado, y de los mejores, tan lucido en todos los hechos de armas que a su alrededor se creó la leyenda de que estando él al frente ninguna batalla había de perderse.

Había nacido en Trujillo de Extremadura en 1479. Era hijo bastardo de un hidalgo llamado Gonzalo Pizarro, más conocido por *el Largo*, con gran afición a los desmanes de faldas, ya que tuvo otros dos hijos fuera del matrimonio, Gonzalo y Juan, y sólo uno legítimo, Hernando. Don Francisco fue porquerizo en su juventud, cuidando el ganado de su tío Juan Casco, titular en usufructo de un encinar muy apreciado. En general, todo lo relativo a la cría porcina era muy estimado, ya que el cerdo se había hecho muy bien a las tierras recién descubiertas, y llegó a haber una «ruta del puerco» entre Trujillo y Sevilla, por donde conducían a los cerdos que embarcaban para las Indias. Bien fuera porque llegó una peste, la de la mosca azul, y se acabó el negocio del cerdo, o porque otras eran sus inquietudes, el joven Pizarro se enroló en los tercios de Italia cuando tan sólo contaba dieciocho años. A las órdenes de don Gonzalo Fernández de Córdoba tomó parte en el desembarco de Mesina, y más tarde en las batallas de Laino y Atella, siendo nombrado y elogiado públicamente por el Gran Capitán. Dicen que no alcanzó a medrar en Italia por ser bastardo, ya que don Gonzalo Fernández de Córdoba gustaba de rodearse de oficiales de alcurnia.

En la campaña de Italia acertó a salvar la vida, con riesgo de la suya, de don Nicomedes González de Pastrana, intendente del Gran Capitán, que fue quien le aconsejó que atravesara el Atlántico. Y así lo hizo en 1502 en la armada de don Nicolás de Ovando, uno de los generales que sirvió a las órdenes del Rey Católico en la batalla de Toro.

En las Indias se mostró muy aplicado, no desperdiciando ocasión de medrar sirviéndose de las armas, con las que se mostraba tan diestro. Como lugarteniente de Alonso de Ojeda se embarcó en la aventura de conquistar tierras en el golfo de Urabá, en el litoral caribeño de lo que luego sería Colombia. Allí fundaron la ciudad de San Sebastián, la primera de aquella parte del continente. La siguiente aventura, no despreciable, fue tomar parte en el descubrimiento de la mar del Sur —u océano Pacífico— en 1513, a las órdenes de Núñez de Balboa, y dicen que por ahí le entró la comezón de saber qué es lo que habría tirando por aquella costa hacia el sur. Por último —siempre antes de su gran aventura— participó en la fundación de Panamá, a las órdenes del gobernador Pedrarias. En esta ocasión se hizo rico, pues alcanzó a ser teniente gobernador, alcalde y regidor de la villa, con las gabelas que ello le comportaba, de suerte que en 1524 pasaba por ser uno de los hombres más adinerados de Panamá, con repartimiento de indios en Taboga, isla del mar del Sur, y ganados de vacas y cerdos en el Chagres. Contaba ya cuarenta y seis años, y todo hacía suponer que pronto regresaría a Trujillo para hacerse construir un palacio y así disfrutar de los caudales ganados con tanto esfuerzo. No era bien parecido, tenía el cuerpo cenceño y era poco dado a trato con mujeres; si abusaba de las indias, lo hacía con discreción.

Pasados los años tuvo amores con una princesa inca, Inés Huaylas Nusta, de los que nació una hija, Francisca Pizarro, que acabó casando con su tío Hernando Pizarro, el único hijo legítimo de el Largo.

Mientras estaba en Panamá comenzaron a llegar noticias de unas tierras a las que se había asomado Pascual de Andagoya, navegante vascongado, habitadas por indios muy primitivos, pero que decían que más hacia el levante había ejércitos mandados por generales vestidos de oro, que adoraban a un sol gigantesco, también de oro, a quien tenían por su dios. Andagoya bajó navegando por la costa del Pacífico, pero acabó por darse la vuelta, pues sólo encontraba tierras muy míseras e indios motilones. Hasta llegó a decir que más abajo sólo había tierras frías, inhabitables, a juzgar por los hielos que veía flotar en la distancia.

Pizarro determinó que el mundo no se podía acabar allí, y que era necesario averiguar si de esas tierras situadas al sur se podía sacar provecho. Tenía un socio en el negocio de los cerdos y las vacas, Diego de Almagro, bastardo y analfabeto como él, pero muy poco perezoso para ir de un lado a otro, y con él se concertó para la aventura. Almagro comenzó a navegar por la costa, dando tormento a los indios con los que se topaba, y todos le hablaban de un Eldorado que había más allá de los manglares. Almagro se fiaba poco de las fantasías de los indios cuando contaban historias sentados al fuego, bebiendo caña fermentada, pero no cuando hablaban después de darles mancuerda.

Se fueron animando el uno al otro y decidieron que precisaban un tercer socio que fuera hombre letrado para que les ayudara a la hora de redactar tantos memoriales y escritos como requería una conquista. Se fijaron en un clérigo, Hernando de Luque, con fama de honrado, a quien le prometieron hacerle obispo de las nuevas tierras que conquistaran. En su día cumplieron esta promesa y, con la anuencia del arzobispo de Toledo, fue nombrado obispo de Tumbes y protector de los indios.

Lo que fue la conquista en sus comienzos resulta difícil de creer. Tres viajes les llevó acertar con la entrada en el Imperio del Sol, y de cada uno salieron peor parados que del anterior. En su primera salida, en septiembre de 1524, sólo alcanzaron una bahía a la que nombraron como Puerto del Hambre, por la mucha que pasaron los ciento doce españoles que componían la expedición. Y para colmo tuvieron un mal encuentro con un cacique, al que llamaron «de las Piedras» por habitar en un acantilado muy pedregoso del que se servía como fortín. Del choque con él salió malherido Francisco Pizarro, con siete heridas de las que tardó dos meses en curar. Fue la única ocasión en la que resultara herido. Comenta Ramírez, cronista de la época: «Otro que no fuera tan terne como el marqués de la Conquista allá mismo hubiera abandonado negocio que comenzaba con tan malos augurios».

En la siguiente salida, ya en 1526, tuvo lugar el célebre episodio de la isla del Gallo. Después de padecer miserias sin fin, subiendo y bajando por la costa, toda de tierras muy pobres, alcanzaron una isla en la que, por lo menos, corría un arroyo de agua muy fresca, y donde en la bajamar podían coger almejas. Como llegaran a Panamá noticias de tanta miseria, su gobernador mandó dos navíos en su auxilio, y es de imaginar la alegría con que fueron recibidos por los que se consideraban náufragos; pero en tal momento Pizarro, con gran majestad, desenvainó la espada y sobre la arena de la playa trazó una línea de este a oeste para que se entendiera dónde quedaba Panamá y dónde lo desconocido. A continuación instó a que se quedaran con él quienes estuvieran dispuestos a continuar la conquista. Atravesó la raya hacia lo desconocido y de los ochenta hombres de su armada hicieron otro tanto trece, que luego fueron conocidos como los «Trece de la Fama». Cuando la conquista se consumó, Pizarro siempre les dio trato de favor y en el reparto del botín les correspondía mayor parte.

El primero que tomó contacto con la fabulosa civilización de los incas fue el piloto Bartolomé Ruiz de Estrada, que en uno de sus merodeos vino a dar con lo que parecía un navío y resultó ser una balsa de grandes proporciones, con sus mástiles y antenas de fina madera y velas de algodón, gobernada por indios que vestían ricos mantos de lana y calzaban sandalias de cuero con repujados de oro. Después de esta balsa encontraron otras, y una de ellas les condujo a la ciudad de Tumbes, la primera del Imperio Inca, que sin ser de las más ricas, ofrecía suficiente esplendor como para que Pizarro estuviera cierto de que había dado con lo que andaba buscando: Eldorado, el Imperio del Sol.

El Imperio Inca nació en el lago Titicaca, el más grande de aquel continente. Compadecido el Sol de la barbarie en la que vivían los habitantes de aquellas tierras, envió a dos de sus hijos, Manco Cápac y Mama Ocllo, que eran a la vez esposos y hermanos, para civilizar a la humanidad. Emergieron del lago iluminados por los rayos del Sol, su padre, y la primera ciudad que fundaron fue Cuzco. Desde ella se dedicaron a enseñar a los hombres el cultivo de la tierra. Continuaron durante años su benéfica labor, haciendo la guerra a los que se oponían a ella, y así llegaron a tener el imperio más extenso que había existido sobre aquella tierra, pues alcanzaba por el norte hasta la ciudad de Quito y por el sur hasta la región austral, teniendo por su frente el océano Pacífico y a su espalda la inmensidad de la Amazonía.

Para dominar tanta extensión construían caminos de piedra, tan bien ensamblados que los españoles no salían de su pasmo, pues en toda Europa no había nada igual. A los lados se levantaban *tambos* o depósitos de víveres y pertrechos, y en cada uno de ellos había un retén de *chasquis*, grandes corredores que traían y llevaban noticias a través de todo el imperio para que el inca —que es como se llamaba a su emperador— estuviera siempre bien informado.

El inca, obviamente, se consideraba descendiente de Manco Cápac y Mama Ocllo, y vivía rodeado de una corte de aristócratas a los que los españoles conocían como «orejones», porque su gracia estaba en colgarse de las orejas pesados aros que se las alargaban.

Admira al cronista del siglo XXI la calma con la que se tomaban los negocios los hombres del XVI. Francisco Pizarro, una vez confirmado el hallazgo, se regresó a Panamá. Y desde allí a España, a negociar con el emperador Carlos V los términos de la conquista. En total tardó más de año y medio en regresar, sin temor de que otro se le adelantara.

En España se incorporaron a la empresa los hermanos de don Francisco, y en especial Hernando, el más principal de todos por ser el legítimo, y a quien por esta condición respetaba mucho el conquistador, quien, en lo que atañía a relaciones de familia, nada hacía sin su consejo. Mucho le ayudó en las capitulaciones con el emperador que se firmaron en Toledo el 26 de julio de 1529, por lo que quedó nombrado gobernador y adelantado mayor de aquellas tierras, a las que nombraron como la Nueva Castilla. Sin embargo, este Hernando Pizarro no sólo le ayudó, sino que también le complicó la vida por su carácter altanero —había servido en Italia y alcanzado el grado de capitán—, por los piques que se traía con otro de los capitanes de la conquista, Hernando de Soto, y por la fea costumbre que tenía de servirse de perros de guerra para azuzarlos contra los indios. Como dice el cronista Ramírez, «hazañas acometió muchas, pero tampoco fue corto en desmanes».

De regreso a Panamá habrían de pasar dos años más hasta que don Francisco consideró que estaba en condiciones de acometer la empresa. La partida tuvo lugar el 20 de enero de 1531, y la expedición la componían ciento ochenta españoles, entre marinería y soldados; caballos llevaban treinta y siete; indios nicaraguas un centenar, más una docena de esclavos negros que hacían de capataces de los indios. Con tan menguada tropa comenzó la conquista de aquella inmensidad, padeciendo fatigas sin cuento y logrando sacar a su gente siempre victoriosa.

Reinaba a la sazón en el Perú el inca Atahualpa, de origen quiteño, e intruso que había destronado al inca Huáscar, del Cuzco, que era el legítimo. Esta disputa en algo le ayudó a Francisco Pizarro. Llevaría un año en la conquista cuando vino a saber que el inca Atahualpa se había refugiado en la ciudad de Cajamarca, rodeado de un inmenso ejército, por considerar que era lugar propicio para presentar batalla a los hombres barbudos, que algunos tomaban por dioses pero los más ya se habían confirmado de que no lo eran.

Cuando Pizarro tomó la decisión de ir a por Atahualpa, mandó formar la tropa y los soldados a los que pasó revista fueron sesenta y dos de a caballo y ciento seis de a pie. Las piezas de artillería eran dos, muy ligeras, como propias para trepar por las montañas, llamadas falconetes, de las que cuidaba un artillero llamado Pedro de Candía. Ante la tropa formada lanzó una arenga en la que les dijo que mirasen bien cómo llevaban sus armas y pertrechos, pues de allí en adelante no iban a encontrar a nadie que les quisiera bien, y que lo que no hicieran ellos por sí nadie lo habría de hacer.

Para su fortuna, a los comienzos se movía por territorio en el que había muchos partidarios de Huáscar, el inca legítimo a quien Atahualpa tenía preso, e hizo correr la voz de que venía a tomar preso a Atahualpa para liberar a Huáscar. Así le dejaban pasar sin tener que darles guerra.

En los primeros días de 1532 llegaron a las estribaciones de la cordillera andina, y en la distancia se veían las cumbres nevadas, que se ofrecían como un muro pétreo que sólo los cóndores alcanzarían a sobrevolar.

Es de imaginar las penalidades que pasaron quienes venían de la calidez de la costa y en pocas jornadas se encontraron trepando por una sierra inhóspita con aguanieves, hielos y hasta nevadas bien cumplidas.

Los hombres, como si fueran de hierro, aguantaron tanta adversidad, pero los caballos comenzaron a toser y no quedó más remedio que ponerles las mantas que cada soldado llevaba para su propio abrigo. A cuenta de esto hubo un intento de motín, pues los jinetes dijeron que para ese menester debían servirse también de las mantas de los soldados de a pie, a lo que éstos se negaban. Don Francisco les razonó que si bien los caballos eran de unos, a la hora de la batalla servían a todos, y que los que montaban arriesgaban más su vida que los que esperaban al enemigo a pie quieto y a resguardo de sus rodelas. Como era de razón, desde ese día se turnaban en lo de prestar las mantas, para que nunca les faltara a los equinos. A éstos, como irracionales que eran, se les daba poco de la gloria y las riquezas que les esperaban, y en todo se mostraban más delicados, y en las pendientes más pronunciadas tenían que tirar de ellos hasta casi llevarlos en andas. Pero por nada querían perder a ninguno, pues bien sabían el provecho que les sacaban en las batallas.

El 14 de noviembre de 1532 los batidores que iban de descubierta avistaron el valle que se abre ante la ciudad de Cajamarca. El día amaneció neblinoso, pero cuando levantaron las nubes vieron un cortejo que se acercaba a ellos con tal majestad que pensaron sería la avanzadilla del ejército del inca. Advertido el gobernador, se desplegaron las tropas en reserva, hasta que se dieron cuenta de que los que venían eran dos *orejones*, embajadores de Atahualpa, con un séquito de criados de librea como nunca habían visto hasta entonces.

Formaban parte del cortejo llamas y vicuñas, embridadas con cuerdecillas trenzadas con hilos de oro y plata, y a estos auquénidos los conducían doncellas vestidas con unas túnicas tan blancas como la nieve y los cabellos sujetos con unas diademas cuajadas de piedrecillas preciosas que refulgían al sol. Los dos embajadores se hacían llevar en andas por criados muy forzudos, que se traían un balanceo muy curioso al andar, como si lo hicieran al compás de una música que sólo ellos conocían.

En el cortejo venía un *chasquis* que conocía algunas palabras del habla castellana. Éste dijo a Gonzalo Pizarro, que iba al frente de los batidores, que sus señores sólo hablarían con el barbudo que hacía cabeza de todos ellos. Este Pizarro, pese a no ser de los más antiguos de la conquista, se mostró muy avisado para el trato con los indios, y viendo que el inca quería deslumbrarlos con la majestad de lo que no pasaba de ser una embajada, le replicó que lo primero que tenían que hacer sus señores era bajarse de las literas y llegarse por su propio pie hasta el gobernador, que representaba a un emperador y que tenía sujetos a muchos soberanos como Atahualpa. Mostráronse desconcertados los *orejones* y hablaron entre ellos, con mucha pausa, sin decidirse a bajarse de las literas.

El gobernador contemplaba la escena desde lo alto de una roca que le servía de atalaya, y mandó a don Hernando en compañía de un lengua llamado Felipillo en ayuda de su hermano Gonzalo. Sus capitanes se dolían de que don Francisco se sirviera en estas ocasiones de sus hermanos, como si ellos no supieran hacer lo que hacían quienes eran más nuevos en la conquista, pero nadie osaba discutir estas decisiones del capitán general.

Los españoles ya habían aprendido que el tiempo tenía una medida distinta en aquellas tierras en las que cualquier trato podía llevar horas. También sabían que entre los indígenas era costumbre repetir las mismas cosas una y otra vez. En esta ocasión, don Hernando, pese a su natural arrebatado, les explicó por medio del lengua, con mucha paciencia, quiénes eran ellos, quién el emperador Carlos V, quién el papa de Roma, cuáles eran los derechos que tenían sobre aquellas tierras, cómo le convenía al señor Atahualpa ser su amigo, y los males que le vendrían si no aceptaba esa amistad. Y por último, que si no se bajaban de las literas, él los tomaría por el pescuezo y daría con ellos en tierra, pues no podía consentir que los que eran menos quisieran ser más, hablándole desde lo alto.

El día se había quedado muy hermoso, y la altiplanicie en la que tenía lugar el encuentro se brindaba muy verde y jugosa. Los españoles no podían por menos de admirarse del esplendor de aquel cortejo, con ojos codiciosos viendo tanta riqueza en vestiduras y arneses, pero siempre con el temor de lo que habría detrás de ello.

El gobernador había dispuesto que no se mostraran todas las tropas a los ojos de los visitantes, para que no echaran cuentas de los que eran, y cada poco mandaba dar una galopada a los caballos, para que vieran los embajadores los cuadrúpedos, que era lo que más temían aquellas gentes. Les hacía repasar una y otra vez, por escuadrones, pero sin acercarse demasiado al cortejo. Hasta que cuando el sol ya estaba en lo alto, cansado por la espera, mandó a Hernando de Soto, el mejor jinete de la conquista, que hiciera unas cabriolas no lejos de las literas, y fue cuando los *orejones* se decidieron a bajar de ellas y caminar por su pie hasta donde los esperaba don Francisco.

Éste los recibió muy amoroso, como pueda hacerlo un padre con sus hijos. Lo cual, según el cronista Ramírez, no le costaba el hacerlo, pues el gobernador siempre entendió que les hacía un gran bien sometiéndolos al emperador y apartándoles de sus perversas costumbres. Y también, como hace un padre que se admira de las hazañas de sus hijos, se admiró de cuanto le contaron los *orejones*, y a todo se hizo de nuevas. Fingió alegrarse mucho al saber que Atahualpa y sus generales quiteños habían vencido a Huáscar y a los cuzqueños, para a continuación repetirle varias veces que su señor, el rey de España y del mundo entero, tenía por criados señores mayores que Atahualpa, con haber demostrado éste ser tan gran guerrero. También les dijo que si querían guerra, tendrían guerra, pero que si querían paz, la tendrían y además con mucha amistad. Los *orejones* dijeron que si ellos estaban allá era en embajada de paz, y que Atahualpa les estaba esperando en Cajamarca para ser su amigo. Por último descargaron los presentes que traían en las llamas y que consistían en unos pequeños castillos, trabajados en piedra, que Pizarro recibió agradecido aunque no sabía para qué pudieran servir. Los *orejones* se despidieron con algunas zalemas y se marcharon por su pie, sin atreverse a subirse en las literas hasta perder de vista el campamento castellano.

Aquella misma tarde se corrió entre la tropa la especie de que aquellos castillos de piedra representaban el inmenso poderío del inca, y también una advertencia para que mirasen lo que les esperaba de seguir adelante.

Don Hernando Pizarro, de su puño y letra, en su carta a los oidores de la Audiencia de Santo Domingo, cuenta que por la noche se hizo con unos indios de un caserío apartado, los cuales «atormentáronse» y confesaron que Atahualpa estaba esperando a los españoles en Cajamarca para darles muerte a todos ellos, y que si no entraban en esa ciudad, igualmente mandaría a sus ejércitos en su persecución, porque de ninguna manera había de consentir que salieran con vida de sus dominios. (Conviene advertir que don Hernando entendía que «se atormentaron ellos mismos», porque su obligación era decir la verdad a los castellanos, y si no lo hacían y había que darles tormento, ellos mismos eran los que se lo daban.)

Al gobernador le pareció muy puesto en razón que el inca no quisiera que salieran con vida de allí, y reunido con sus capitanes les hizo ver que si el enemigo les sorprendía en campo abierto, donde les pudieran rodear por los cuatro costados, podían darse todos por muertos y los capitanes por despellejados, pues ésta era la costumbre del inca con los jefes de los vencidos. Si les pillaban descendiendo la sierra, cosa de veinte leguas de bajada, correrían igual suerte, pues no pudiéndose servir en aquellas trochas tan empinadas de los caballos, perderían su principal ventaja. El único remedio, por tanto, era ponerse a resguardo en lugar amurallado donde pudieran lucirse los cañones de Pedro Candía y maniobrar los jinetes de Hernando de Soto.

El único lugar para ello era la ciudad de Cajamarca, que, según sus cuentas, estaba a dos leguas de allá.

—¿Y pensáis —le interpeló Hernando de Soto— que nos han de dejar entrar en tal ciudad para amurallarnos en ella y colocar nuestros cañones?

—Si yo estuviera esperando que me dejasen entrar, de grado, allá por donde voy, todavía estaría criando puercos en donde nací, que no es mal trabajo, pero no tan noble como el que estamos haciendo en servicio de sus majestades.

Cuando Pizarro citaba a sus majestades, con el ceño fruncido, todos sabían que tenía su decisión tomada y que nada le haría cambiarla.

El viernes 15 de noviembre de 1532 avistaron los españoles la ciudad de Cajamarca y se quedaron admirados de su hermosura. Las murallas exteriores estaban tan bien labradas como las de Ávila, y no le iban a la zaga en altura. Por encima de ellas sobresalían los palacios y sobre todo destacaba un templo piramidal dedicado al Sol.

Ante tanta grandeza los soldados de Pizarro no pasaban de ser una tropilla, si sólo contara el número y no el ánimo de los que la componían. Gonzalo Pizarro, sin que nadie se lo mandara, se entró por la puerta principal al frente de sus batidores, y no habría pasado media hora cuando salía para comunicar a su hermano que estaba abandonada. «¡Loado sea Dios, y su madre bendita, Nuestra Señora de la Victoria, que así escuchan mis oraciones! —clamó el capitán general, y dirigiéndose a Hernando de Soto, le dijo: Ya ve vuesa merced cómo se van poniendo las cosas, para que podamos hacer lo que más nos conviene».

La ciudad de Cajamarca está situada en un valle muy alto, a resguardo de los cierzos de la sierra, por lo que el clima resulta muy templado, y eso fue lo que más agradecieron los soldados. Cuando entraron en ella había tantas muestras de haber sido habitada hasta pocas horas antes, que el de Trujillo mandó a sus batidores que mirasen por dónde andaban sus habitantes. Y poco tuvieron que andar, porque en un cerro que se asoma sobre la ciudad, que llaman de Pultumarca, había emplazado su campamento el inca Atahualpa, con tal lujo de tiendas de campaña de los más variados colores que parecía una ciudad que no la tenía igual el Gran Turco.

A Francisco Pizarro se le dio poco que el campamento del inca estuviera en un cerro o en un llano, y toda su prisa era que mirasen muy bien cómo era la ciudad que le brindaba el inca, queriendo hacer pasar por amistad lo que era trampa, pero que ellos la habían de hacer buena.

Los cronistas de la época cuentan estas hazañas con un lenguaje muy moderado, acostumbrados como estaban a asomarse a acontecimientos que al cronista del siglo XXI le parecen prodigiosos, pero en esta ocasión el mismo Ramírez se admira de las disposiciones de Pizarro, que donde los demás sólo veían peligros, asechanzas y celadas, él veía ventajas, y al final fue quien acertó. Cuando se asomaron a la plaza de la ciudad, que en su recuerdo les parecía dos veces la de Salamanca, tenida por la más grande de España, mucho se contentó Pizarro por considerarla muy buena para que se pudieran rebullir los caballos y hacer tornadas entre los indios, embistiéndolos una y otra vez. Esta plaza estaba rodeada por un murete que la separaba de las edificaciones, y sólo se podía acceder a ella por tres calles muy estrechas, pero suficientes para que pudieran cabalgar los jinetes emparejados. Pizarro tenía ordenado que los montados fueran de dos en dos, para que pudiera ayudarse el uno al otro en caso de apuro. Los caballos habían de llevar petrales con cascabeles para que en todo momento se supiera donde estaban, por grande que fuera el fragor de la batalla.

Sin pérdida de tiempo distribuyó la caballería en tres escuadrones: el primero al mando de Hernando de Soto, el segundo al de Hernando Pizarro y el tercero al de Sebastián de Belalcázar. Estos escuadrones estarían escondidos en unos galpones que había al final de las tres calles, y saldrían al galope a una señal convenida. La artillería de Pedro de Candía y los ocho arcabuceros se situaron en lo alto del templo del Sol, desde el que se dominaba la plaza y se atisbaba lo que sucedía en el campamento del inca.

Tomadas estas disposiciones, dijo a los capitanes que aposentasen la tropa al resguardo y que se aprovechasen de las viandas y caprichos que había en ciudad tan bien aprovisionada, pero siempre con las armas a la vista. Y les advirtió de que mirasen por su alma, y que para confesar tenían a fray Vicente Valverde, un dominico natural de Trujillo, y al clérigo Juan de Sosa, que se había incorporado a la conquista en sustitución del fraile que enfermó. Este clérigo gustaba de llevar espada al cinto, y no le parecía desdoro para su sagrado ministerio servirse de ella, para defenderse de los infieles, siguiendo el ejemplo de Santiago, patrón de

España. No obstante, era hombre de buena doctrina y muy misericordioso con los vencidos.

Sería la media tarde cuando todo quedó arreglado y Pizarro dijo que no había tiempo que perder y que, puesto que la ratonera estaba ya preparada, sólo quedaba poner el queso. Y el queso no podía ser otro que alguno de sus capitanes fuera al real de Atahualpa y le invitara a cenar aquella misma noche con el gobernador del rey de España. Esto lo dijo en presencia de sus principales capitanes, Hernando de Soto, Sebastián de Belalcázar, Hernando y Gonzalo Pizarro, Nicolás Ribera *el Viejo* y Domingo de Soraluce. También asistían a estas reuniones fray Vicente Valverde y don Juan de Sosa. Fray Vicente, como padre espiritual que vela por el bien de sus hijos, dijo que ir al campamento de Atahualpa era tanto como meterse en la boca del lobo, y si no sería mejor tener paciencia y esperar a que viniera por su gusto. «Considere vuestra reverencia —le replicó el gobernador— que cuando venga por su gusto, será para acabar con todos nosotros. Y que él, allá en lo alto, bien regalado como está, puede esperar cuanto quiera, y nosotros aquí no tanto, pues si somos pocos para pelear, somos muchos para comer». Uno de los males de aquella conquista era que siempre andaban cortos de aprovisionamiento, y veces había que peleaban con más afán por poder comer que por la gloria o por el oro.

Los capitanes sabían que el gobernador llevaba razón en lo que decía, pero pese a ser todos tan valientes callaban, pues temían que quien fuera al real de Atahualpa podía no volver, por ser costumbre de los incas despellejar a los mensajeros portadores de noticias que no eran de su agrado. Sin embargo, como no había mayor oprobio en aquellos tiempos que ser tenidos por cobardes, levantóse Hernando de Soto y dijo: «Pensaba que vuestra señoría tenía a sus hermanos para estos menesteres, pero de no ser así, yo iré». Hernando de Soto se atrevía a decir tales cosas por venir su relación con don Fernando de los años de Panamá y por ser mucha la confianza que tenía con el gobernador. Tanta como los piques que se traía con don Hernando, por las ínfulas que éste se daba. Le faltó tiempo a este otro Pizarro para levantarse colérico y, despotricando contra Hernando de Soto, brindarse a ir él solo al campamento enemigo. Otro tanto hizo Gonzalo, aunque con más moderación y sin faltar a un capitán con tantos méritos como Soto. Pero el gobernador, muy sosegado, dijo que Hernando de Soto había hablado primero y a él le correspondía ese honor, y que no estaban en tiempo de denuestos, sino de ser muy amorosos unos con otros, mirando a ayudarse en cuanto pudieran, como correspondía a su condición de cristianos.

Hernando de Soto, al frente de veinte jinetes de los más aguerridos, emprendió el camino del cerro Pultumarca, que discurría entre dos riachuelos muy bien canalizados, los caballos al paso más lento que pudieran llevar, siguiendo la costumbre de aquellas tierras de tomarse mucho tiempo para todo. Iba con ellos el lengua Felipillo, muy contra su voluntad, pues no dudaba de que el inca no los dejaría salir con vida del campamento, pero resignado a su suerte, que no habría sido otra de haberse atrevido a desobedecer las órdenes del gobernador.

Cuando llegaron al real, con gran asombro, advirtieron que era algo más que un campamento militar, pues si bien había cientos, quizá miles de tiendas de campañas, en medio de todas ellas se alzaba un palacete que no se alcanzaba a ver desde el Templo del Sol y que servía de residencia al inca cuando llegaban los calores del verano. A este palacete se accedía por unas calles rectas, enlosadas, y a un lado y al otro se levantaban casas de buena piedra, para uso de los nobles y la servidumbre del inca. Alrededor se extendía el sinnúmero de tiendas de aquel inmenso ejército.

Hernando de Soto había advertido a sus jinetes que para nada debían hablar, sino ir todos muy callados, erguidos sobre sus sillas y sin dignarse mirar a los indios que los rodeaban, como si no les diera ni frío ni calor el que fueran muchos o pocos. Y que en el guardar esta compostura les podía ir la vida. Este Soto estaba acostumbrado al trato con los indios desde muy joven, y sabía que convenía que nunca pensaran que tenían miedo. También sabía que consideraban el reír propio de mujeres, que con sus gracias querían ganarse el favor de quien es más poderoso, y que de hombres era el mostrarse adustos y mirar siempre con frialdad al contrario.

En un prado junto al palacio estaba apostado un ejército de no menos de quinientos hombres, con sus lanzas y sus porras de madera, que ni se movieron cuando Hernando de Soto alzó su mano derecha y ordenó detenerse a su escuadrón. Esperó sin apearse del caballo y pasó más de media hora sin que saliera nadie del palacio ni dieran señales de haberse enterado de su presencia los que hacían guardia en el prado. De cuando en cuando se oían risas femeninas, en la distancia, y Hernando de Soto, para que no creyeran que consentía en burlas de mujeres, ordenó al lengua Felipillo que se entrase dentro del recinto y dijera quién estaba esperando allí al señor Atahualpa.

Obedeció el lengua y al cabo de otro largo rato salió en compañía de un *orejón*, quien fingió hacerse de nuevas y se hizo repetir qué es lo que deseaba aquel barbudo. Cuando le dijo que venía en nombre del gobernador del rey de España a hablar con el inca, le replicó que eso no era posible, porque su majestad estaba bañándose con sus mujeres, de ahí las risas que salían del interior del palacio. Luego pudieron comprobar los españoles que en el cerro Pultamarca había unas fuentes termales de las que se nutría un estanque, de los mejores que había en todo el Imperio del Sol, tanto por sus proporciones como por sus caños en oro y plata del grueso de un barril, y con un juego de agua caliente y fría al que eran muy aficionados los incas.

Por vez primera se dirigió Hernando de Soto a sus hombres para decirles que tuvieran por buena esa noticia, pues mientras los castellanos se preparaban para combatir a vida o muerte, y hasta limpiaban sus almas por si sucedía lo segundo, el inca se entregaba a deleites pecaminosos. Y les advirtió que estuvieran muy atentos a sus señales, pues de ningún modo podían consentir en marcharse de allá sin ser recibidos por el inca. A continuación le dijo al *orejón* que en el reino del que venían, que era cien veces mayor que el del inca, no había mayor ofensa que no recibir a los embajadores de otro reino que vinieran en son de paz, y muestra de ello era que el gobernador de su majestad el rey de España, la víspera, había recibido a dos embajadores del señor Atahualpa. A lo que el orejón replicó que no sabía de qué embajadores estaba hablando. «¡Basta! —clamó Hernando de Soto, fingiéndose altamente ofendido—. ¡Yo le explicaré a ese inca lo de sus embajadores! ¡Y si él no sale de seguido, entraré yo a buscarlo!».

Al tiempo que esto decía comenzó a caracolear con su caballo, y otro tanto hicieron algunos de sus hombres, y por primera vez notó movimientos de desconcierto entre la tropa formada en el prado. El *orejón*, con un terror que no era fingido, reculó y le dijo que si tal hiciera podían todos darse por muertos, pues tal era la pena que correspondía a quien irrumpiera en el baño sagrado del inca. En ese momento se oyó un galope de caballos retumbando sobre el camino enlosado, y quien llegaba era Hernando de Pizarro al frente de su escuadrón. Había convencido a su hermano mayor de que en momento tan capital de la conquista no podían estar ellos ausentes del trato, y que nunca pudiera decirse que a lo que se había atrevido un Hernando de Soto no se atrevía un Pizarro. Consintió el gobernador, como siempre que este hermano invocaba el honor de la familia, aunque encareciéndole que por nada de este mundo atentasen contra la vida del inca, pues mucho les iba en tomarlo con vida para que les sirviera de rehén. Esto, dicen los cronistas, lo había aprendido de su primo Hernán Cortés, que por haber hecho prisionero a Moctezuma consiguió que la conquista de México llegara a buen término.

En situación tan apurada mucho agradeció Hernando de Soto la presencia de aquel Pizarro, pues todo lo que tenía de altivo y desconsiderado con los inferiores, lo tenía de arrojado combatiente, por lo que olvidando pasados agravios le contó lo que pasaba. «¡Cómo así, que no sale ese perro! —clamó enfurecido el Pizarro—. Decidle que como no salga antes de que se ponga el sol, cada poco llegará otro escuadrón como este mío, hasta que seamos suficientes para darle guerra y acabar con él».

Hernando Pizarro se había traído consigo a otro lengua, de nombre Martinillo, y ya eran dos a gritarle al *orejón*, que apenas podía disimular el pavor que sentía teniendo tan cerca a aquellos hombres coléricos montados sobre los temibles cuadrúpedos. La obligación de los lenguas era transmitir los mensajes con el mismo tono de voz que sus amos, en esta ocasión gritando, lo cual era desusado entre los indígenas, que acostumbraban a hablar en voz muy queda, y sólo gritaban cuando iban a entrar en combate. Desapareció el *orejón* en el interior del palacio, para salir al poco y decir que el inca ya había terminado su baño sagrado, y accedió a escucharles.

En aquel primer encuentro entre el mítico inca y los españoles, cuidó mucho de presentarse Atahualpa con la majestad que correspondía a su condición de hijo del Sol. Primero salieron unos criados de librea que barrieron con unas escobillas de plumas de ave el lugar donde iba a situarse aquella realeza, y miraban y remiraban con mucho cuidado, no fuera a quedar una mota de polvo que pudiera contaminar su sagrada persona. Luego colocaron un sitial de color rojo con incrustaciones de oro, plata y diversas pedrerías, que se alzaba cuatro palmos sobre el suelo. Cuando todo estuvo preparado, dos de los criados, de buena estatura, desplegaron una cortina de algodón muy tenue tras de la que se sentó el inca, de manera que los visitantes pudieran adivinar su presencia, pero no contemplarlo cara a cara. A cada lado se situaron dos de sus mujeres favoritas, una de las cuales apenas era una niña, de nombre Huaylas Ñusta, hija de Huaina Cápac, que en su día sería bautizada con el nombre de Inés. El trabajo de estas mujeres era cuidar el cabello de su señor, que lo tenía muy largo y lo traía mojado del baño, pasando por él un paño muy fino y mirando si había quedado prendido algún cabello, que no podía caer al suelo, para lo cual se lo metían en la boca para luego tragárselo con gesto de complacencia. Cuando consideraron que el cabello estaba suficientemente seco, ciñeron sobre su frente una banda de lana de vicuña, muy adornada, y colocaron sobre ella los atributos de su realeza: la *mascapaicha* o corona, rematada con plumas de un ave de rara especie, desconocida por los castellanos. Andaría Atahualpa por los treinta y cinco años, y era hombre recio y no mal parecido, emanando de toda su persona la majestad de quien está acostumbrado a ser siempre obedecido.

En esta ocasión no consintió que se acercaran a él los visitantes, y ni tan siquiera se dirigía a ellos, o a sus lenguas, directamente, sino que siempre lo hacía a través de un noble de su corte. De Soto le decía a Hernando Pizarro si debía consentir en ello, y éste le recordó que su hermano el gobernador les había encarecido que debían consentir en todo, con tal de que el monarca se aviniera a entrar en la trampa que le tenían preparada en Cajamarca.

Con mucha paciencia comenzaron los castellanos con su retahíla de costumbre, sobre quiénes eran, quién su rey, etcétera, etcétera, y cómo venían a ser sus amigos para ayudarle a vencer a quienes fueran sus enemigos. La respuesta del inca fue terminante: no necesitaba ayuda para terminar con sus enemigos, pues todos eran muertos, y lo mismo les sucedería a ellos si su señor no le devolvía cuanto le habían robado desde que entraron en Tumbes, tanto de oro y plata, como de mujeres y viandas.

Al oír esto Hernando Pizarro, muy ofendido de que les tomasen por ladrones, pretendió explicarle por medio de los lenguas que todos aquellos territorios eran del rey de España porque así lo había decidido el papa de Roma, pero Hernando de Soto, más hecho al trato con ellos, le disuadió y le dijo a Atahualpa que le habían informado mal, pues ellos no eran ladrones, y que si algo habían tomado por equivocación, lo devolverían cuadruplicado, como mandaba su religión. También indicó que todo esto debería aclararlo con su señor, el gobernador, que le estaba esperando para cenar y le tenía preparados muchos regalos, como no se habían visto por aquellos reinos.

El inca se hizo repetir esto varias veces, primero por un lengua, luego por el otro. Escuchaba con aire despectivo las explicaciones del noble que hacía de interlocutor y, por fin, como si se diera por satisfecho, mandó quitar la cortinilla que velaba su figura y se mostró a los visitantes en toda su majestad, dignándose dirigirse a ellos para ofrecerles una bebida. Bien porque temieran que estuviera envenenada, bien porque fueran en extremo escrupulosos, los dos españoles le dijeron que aquel día era para ellos de ayuno, por ser viernes de Adviento, y que nada podían tomar. El inca, muy serio, nada dijo, sino que esperó a que aparecieran dos doncellas con unos vasos de oro finamente labrados, y tomando uno de ellos bebió más de la mitad y se lo pasó a Hernando de Soto, quien dudó sobre lo que debería hacer. Hernando Pizarro, que había hecho algunos estudios en Salamanca, le animó: «Según san Buenaventura, *liquidus non fregi ieiuno*, que quiere decir que el líquido no infringe el ayuno, y menos aún en tiempo de guerra. Pero aunque así no fuera, beba vuesa merced por obediencia al gobernador, que nos tiene ordenado hacer cuanto sea del gusto de este perro, para podernos hacer con él».

Bebió Hernando de Soto, bebió Hernando Pizarro, volvió a beber el inca, y mandó que les sirvieran nuevos vasos de aquel líquido hecho con maíz fermentado y frutas maceradas, muy agradable al paladar. Hernando de Soto confesaría más tarde que, acostumbrado al vino aguado que de Pascuas a Ramos bebían durante la conquista, aquel licor resultó muy de su gusto, y para cuando quiso darse cuenta se le había subido a la cabeza y no pudo resistir la tentación de lucirse delante del inca, que no quitaba el ojo de los caballos. Si de algo tenía fama Soto era de ser el mejor jinete de toda la tierra firme, de ahí que en aquella ocasión comenzara a hacer corcovear al caballo, a dar saltos, a galopar y pararse en seco, y en una de sus galopadas se arrancó contra la tropa que hacía guardia en el prado, provocando que los de las primeras filas echaran a correr, espantados ante aquel demonio que se les echaba encima. Y con las mismas tornó el caballo y se dirigió al galope hacia el trono real frenando el corcel en las mismas narices de su majestad, quien, a diferencia de sus súbditos, no se inmutó, y con gran frialdad terminó de beberse el vaso de licor que una doncella le acercaba, a una señal suya, a los labios.

Hernando Pizarro, temeroso de la oportunidad de aquel alarde equino, se apresuró a decirle al inca que se viniera con ellos a la cena que le tenía preparada el gobernador, ya que entre los presentes que le enviaba el rey de España encontraría un caballo aún más hermoso y más veloz que el que había visto con sus propios ojos. Pero Atahualpa, como quien se lo tiene muy pensado, contestó que al otro día, cuando saliera el sol, iría a ver al gobernador a su ciudad de Cajamarca. Dijo esto porque ya había decidido dar guerra a los barbudos, quedarse con todos sus caballos y recuperar cuanto le habían robado, amén de castigarlos como se merecían, y eso no lo podía hacer al caer de la tarde porque el inca, como hijo del Sol, sólo podía obtener victorias a la luz de su padre creador.

El 16 de noviembre de 1532, sábado, amaneció con una ligera neblina sobre el valle de Cajamarca, que pronto se despejó permitiendo admirar a los españoles la magnificencia del cortejo que, bajando del cerro Pultumarca, se dirigía hacia la entrada principal de la ciudad amurallada.

Según Pedro de Candía, vistos desde su atalaya de artillero en lo alto del Templo del Sol eran tantos los guerreros que componían el cortejo que en la distancia semejaban hormigas saliendo de un hormiguero, y caminaban con tanta lentitud, parándose a cada momento, que recorrer poco más de dos leguas les llevó gran parte de la mañana.

La razón de esa lentitud era que Atahualpa había decidido, aconsejado por sus sacerdotes, que aquella marcha significaba el principio de una nueva era en el imperio de los hijos del Sol. Derrotado Huáscar, ahora debería hacer lo mismo con los barbudos, para que todos los caciques que les habían consentido llegar hasta allí supieran de una vez por todas que Atahualpa era el único inca legítimo, señor de las cuatro partes de las que se componía el mundo. Por tanto, al tiempo que una marcha guerrera, era una procesión religiosa, ya que en cada parada la multitud de sus guerreros salmodiaba la grandeza de su señor y rogaba al dios Sol que les concediera la victoria que merecía el inca Atahualpa. Éste no dudaba de ese merecimiento, ya que había echado la cuenta de cuántos eran los barbudos y cuántos sus cuadrúpedos, y entre unos y otros apenas alcanzaban los doscientos, mientras que sus guerreros llegaban a los cuarenta mil.

En cuanto a los temibles caballos, le habían informado sus sacerdotes que no pasaban de ser como sus llamas y vicuñas, si bien más vigorosos y más rápidos, pero que si se les clavaba una lanza en el pecho morían como cualquier otro animal, y esto ya lo habían visto algunos *chasquis* con sus propios ojos. Por eso, lo primero que dispuso el inca cuando los dos barbudos abandonaron su campamento fue que les cortaran el cuello a todos los que se asustaron con el alarde de Hernando de Soto sobre su caballo, para que sirviera de escarmiento a los cobardes. Los ejecutados fueron treinta.

Hay cronistas que dicen que aquella noche fueron muchos los españoles que apenas pudieron conciliar el sueño, atemorizados por el relato que habían hecho los jinetes de los escuadrones de Pizarro y Soto sobre las fuerzas que tenía el inca en Pultumarca. Lo que sí cuenta como cierto Pedro Pizarro, sobrino y secretario del gobernador, es que aquella noche fueron muchas las confesiones que recibieron fray Valverde y el clérigo Juan de Sosa, y que la más sonada fue la del griego Pedro de Candía, quien después de recibir la absolución dijo que estando en gracia no podía al otro día disparar sus cañones contra seres humanos, ya que la Iglesia se mostraba muy contraria al empleo de la artillería en las guerras, por el mucho daño que hacían, y que sólo lo consentía cuando se trataba de derribar muros o castillos, para poder entrar en ellos ordenadamente. Este Pedro de Candía, con haber dado muestras de gran valor durante toda la conquista, tenía por cierto que de aquella no salían, y se temía que con cañones o sin ellos todos habían de morir, y él no quería ir al infierno por faltar a la ley de la Iglesia.

«Mi tío, don Hernando —cuenta Pedro Pizarro en su crónica—, decía que si no disparaba los cañones lo colgarían de una viga, por traidor, pero mi tío el gobernador, con mucho sosiego, le hizo ver que si eran tantos los miles que vendrían contra ellos defendiendo al inca, en poco se diferenciaba de un muro que les impedía hacer lo que era justo, esto es, hacerse con Atahualpa para bien de todos. También quisieron que terciara fray Valverde, hombre de buena doctrina, para que le convenciera, pero este fraile decía que él había recibido su confesión y estaba sujeto por el secreto a que obliga este sacramento, y si hablaba, a saber si lo quebrantaba. Entonces recurrieron al clérigo Juan de Sosa, que le razonó en latín sobre el estado de necesidad, pero para mí que quien le convenció fue el gobernador, por ser mucha la amistad que había entre ellos y grande el ascendiente que tenía sobre todos nosotros. Digo en lo que a la guerra se refiere, que en otros negocios no todos le seguían.

»Al despuntar la aurora tuvimos misa y, a su término, nos dijo el gobernador que si nos concertábamos y hacíamos cuanto él nos dijera, habríamos de salir con bien de aquélla, puesto que estábamos bajo la protección de Nuestra Señora de la Victoria, nuestra patrona, que en el 1232 había concedido la victoria a nuestros abuelos en la guerra con los moros, que no eran menos que los indios, y tenían a su favor el que también creían en un solo dios, mientras que los que ahora venían en nuestra contra eran paganos, de costumbres muy perversas; esto lo decía por el inca, que tomaba por mujeres a sus propias hermanas. De todo esto salimos muy enfervorizados, aunque se nos iba pasando según transcurría el día y veíamos que el inca decía que venía, pero no acababa de venir.»

En esta larga espera es cuando dice el cronista Ramírez que a más de uno se le fue el vientre, aunque razona que pudo ser por algo que tomaron en malas condiciones.

Cuando el sol estaba en todo lo alto, los españoles oyeron un gran clamor que salía de aquella multitud, acompañado de redobles de tambor y sonar de trompetas. A continuación se hizo un gran silencio, la multitud se postró en tierra y desde la fortaleza pudieron distinguir la figura del inca recibiendo el homenaje de sus súbditos. Iba subido en una litera, toda de oro, adornada con plumas de guacamayo, y los que la portaban eran *orejones*, bien adiestrados para ese trabajo, pues lo mismo sabían caminar de frente que de través o reculando, todo con movimientos muy medidos y siguiendo el son de los tambores y de las trompetas de barro cocido, de las que se servían los indios para hacer música. Los que rodeaban al inca, que no serían menos de cuatrocientos, llevaban en la frente cintas tejidas con hilos de plata, y del cuello les colgaban unos medallones de oro que representaban al sol con sus rayos, de manera que les cubrían casi todo el pecho, y en la distancia refulgían hasta cegar la vista. A continuación de estos cuatrocientos, con mucho orden se sucedían escuadrones de la guardia del inca, todos vestidos con libreas azules recamadas en oro y plata en número incontable, pues en lo que alcanzaba la vista no se distinguía un palmo de tierra o hierba, hasta el extremo de que cuando se postraron para adorar al inca, lo tuvieron que hacer unos sobre otros, de tantos como eran.

Para recibir este homenaje Atahualpa hizo descorrer las cortinillas de la litera y se ofreció a la vista de su pueblo para decirles que se le daba poco que los barbudos fueran o dejaran de ser dioses, pues no había ningún dios tan poderoso como el Sol, del que él era su hijo, y así lo iba a demostrar haciéndose con aquellos dioses menores que tenían enfrente que, además, eran ladrones. El inca hablaba sin levantar mucho la voz, y sus nobles se encargaban de transmitir sus palabras de fila en fila, hasta llegar al mismo cerro Pultumarca, del que todavía seguían descendiendo guerreros de aquel inmenso ejército. Atahualpa estaba tan seguro de su victoria que prefería que las gentes sencillas pensaran que eran dioses los barbudos, para que los *chasquis* hicieran correr por todo el reino la noticia del triunfo del hijo del Sol sobre cualquier clase de enemigo, bien fueran humanos o divinos.

Pizarro, desde lo alto de la muralla, animaba a los más próximos diciéndoles: «¡Miren, miren vuesas mercedes, cuánta riqueza se nos viene a las manos, si nos aplicamos a lo que debemos hacer!». Cuentan los que bien le conocían que nunca lo vieron tan sereno, y que parecía mirar con complacencia aquella multitud tan alhajada, como si cuantos más fueran, mayor habría de ser el botín. Aunque pasado el apuro confesó que el mostrarse así era la obligación de todo buen capitán, pero que por dentro era otro el son, y también a él le cantaban las tripas.

Hablaba poco, y si lo hacía era para recordar que nadie debía apartarse del lugar que le había asignado: la caballería en los tres galpones que hacían triángulo, cuyo centro era la plaza; la artillería en las almenas del Templo del Sol; y los soldados de a pie, a sus órdenes directas, distribuidos en cuatro grupos, uno por cada costado de la plaza, y a resguardo de vistas.

Cuando el inca se mostró a la multitud, pensaron los españoles que de seguido se encaminaría a la ciudad, pero pasaron dos horas y allí seguía el cortejo, avanzando dos pasos y retrocediendo tres, o desplazándose ora a la derecha, ora a la izquierda, con mucha música de trompetas y tambores, que a los españoles les sonaba a oficio de difuntos por ser el son muy monótono, como el de los cantos gregorianos.

Pizarro, como quien piensa en voz alta, dijo que no era bueno que siguiera avanzando el día, no les fuera a tomar la noche rodeados de tantos enemigos, y que sería conveniente repetir la embajada del día anterior, recordándole al inca que le estaba aguardando para comer, y que era descortesía hacerles esperar tanto. Entre los que le escuchaban se hizo un silencio, porque todos pensaban que salir de aquellos muros protectores era entregarse a la muerte. Miraba Pizarro a unos y a otros y todos callaban, hasta que por fin habló un tal Hernando de Aldana, cuyo principal mérito en la conquista había sido aprender un poco de la lengua quechua, con la que algo se entendía con los indios. Fue él quien se brindó a ir a donde Atahualpa a decirle lo que su señoría mandase. Mucho se lo agradeció Pizarro y desde ese día le dio trato de capitán a la hora de repartir el botín.

Aunque este Aldana era de los que tenían caballo, el gobernador le dijo que lo dejase allí y se fuera andando, como muestra de más respeto para el inca, pero el cronista Ramírez comenta que se lo dijo porque, en el trance en el que se encontraban, no podía consentir el que se pudiera perder tan preciado animal.

Hernando de Aldana recorrió con mucha pausa la legua que le separaba del sitial en el que se encontraba Atahualpa, quien lo recibió muy despectivo, sin mirarle de frente, y haciendo como que no entendía el mensaje que traía. Aldana tuvo que perorar un buen rato, ayudándose con gestos de la mano, y cuando le convino se dio por enterado el inca para reprocharle que se atreviera a venir a su presencia llevando una espada; pidió que se la mostrara, a lo que Aldana se negó diciendo que un caballero no sacaba la espada de su vaina si no era para servirse de ella. Esto contó luego en el campamento, y todos se admiraron de su valor. Se hizo un largo silencio, a los que tan aficionados eran los indios, para terminar el inca diciéndole que se volviera por donde había venido, y que le dijera al gobernador que aquella noche cenaría con él, como le había prometido.

Aldana volvió a la fortaleza muy ufano de su misión, pero advirtió al gobernador que aunque el inca fingía que venía en son de paz, debajo de las libreas y de las túnicas todos traían porras de las llamadas rompecabezas, macanas con filo de pedernal y bolsas con muchas piedras para las hondas.

Serían las cinco de la tarde cuando, por fin, Atahualpa hizo su entrada solemne en la plaza principal de Cajamarca, precedido por un centenar de criados que con sus escobillas de pluma iban barriendo para que no hubiera una mota de polvo donde iban a colocar el sitial. Como nadie saliera a recibirle, clamó su majestad: «¿Dónde están los de las barbas? ¿Así reciben a quien viene a ser su amigo?».

Algunos de sus generales, que más avisados miraban recelosos a uno y otro lado, enviaron guerreros para que buscasen por las casas y volvieron con la noticia de que los jinetes estaban escondidos en unos galpones, a oscuras, y sin atreverse a moverse, lo cual no les extrañó, porque ya la plaza estaba rebosante de indios, y en ella cabían más de cinco mil. Estos generales comenzaron a decir a su señor que los barbudos, como todos los que se enfrentaban al hijo del Sol, tenían miedo, y que convenía quitárselo de una vez por todas, yendo a por ellos. En ese momento fue cuando apareció fray Vicente Valverde, con las Sagradas Escrituras en la mano, y se dirigió con paso decidido hacia el lugar donde se encontraba Atahualpa.

Comenta Pedro Pizarro que esto se hizo porque su tío, el gobernador, de ningún modo quería dejar de cumplir aquello a lo que se había comprometido con sus majestades en las capitulaciones de Toledo, a saber: que sólo darían guerra a los indios después de explicarles cómo Dios había creado el mundo, y en él había puesto a Adán y Eva, y de los descendientes que éstos tuvieron, hasta llegar a Nuestro Señor Jesucristo, a la Virgen María, a san Pedro y al papa de Roma, que era quien les había concedido a los españoles el derecho sobre aquellas tierras, y que no les obligarían a ser cristianos salvo quc, informados de la verdad, quisieran convertirse; pero que si hicieran resistencia les darían guerra y tomarían sus personas, las de sus mujeres y las de sus hijos, para hacerles esclavos. El maestre de campo, Rodrigo Núñez, que tenía muy buena cabeza para hacer la guerra, le dijo a su capitán general que diera por hecha la advertencia, pues en tomar por sorpresa al inca estaba su única esperanza de salir con vida de allí. Todos los capitanes eran del mismo parecer, y en cuanto vieron aparecer las andas de Atahualpa le encarecían a ir a por él, sin más demoras y sin dejar que en la plaza entrasen más guerreros de su ejército.

Parecía esto tan evidente que Hernando Pizarro se atrevió a salir del galpón en el que aguardaba con su escuadrón para decirle a su hermano que lo que proponía el maestre de campo era lo que debía hacerse; a lo que el gobernador le replicó, ceñudo como él era: «Si vamos a hablar de deberes, el de vuesa merced es estar donde le tengo dicho; que de los deberes que atañen a mi conciencia, a mí me toca decidir». Nunca le había hablado así a su hermano, cabeza legítima de los Pizarro, y todos los capitanes entendieron que sólo cabía estar muy unidos y no discutir nada más. A continuación el gobernador se dirigió a fray Valverde y le dijo que ya sabía cuál era su obligación. Éste, sin decir palabra, tomó la sagrada Biblia y esperó las órdenes. Cuando los *orejones* asentaron las andas del inca, con mucho revuelo de escobillas para que todo estuviera muy limpio, Pizarro ordenó al fraile que se fuera a él.

Esta plana mayor de la tropa estaba en un aposento colindante con la plaza, con todos los huecos tapados para no ser vistos desde fuera, y antes de salir fray Vicente pidió al clérigo Juan de Sosa que le diera su bendición, y a los demás les encareció que rezasen todos a una, pues ya no les quedaba otro socorro sino el de Dios. En esta ocasión estaba decidido que le había de acompañar como lengua el Martinillo, pero éste temblaba de tal manera que Hernando de Aldana se ofreció a ir él de nuevo, no fuera a entender el inca que el miedo que sentía era compartido por todos ellos.

Cuando apareció fray Vicente, con una cruz en la mano derecha y el libro sagrado en la izquierda, seguido de Aldana, se hizo un silencio en la plaza, y los criados abrieron filas para que los que suponían embajadores pudieran llegar hasta su señor. Éste les recibió con el desdén que se correspondía a su realeza, y apenas escuchó lo que le decía fray Vicente sobre la creación del mundo.

El fraile, en un último escrúpulo de conciencia, le mostró al inca la Biblia que llevaba en su mano explicándole que en ella se relataba la historia del mundo. El inca tomó el libro de sus manos, lo miró despectivamente y lo arrojó al suelo como muestra del menosprecio que sentía por la religión de aquellos dioses menores. Para suerte de estos embajadores, los indios acostumbraban a tomarse largas pausas después de cada gesto simbólico, y en aquella ocasión el inca recorrió con su mirada a todos los de su corte para que vieran cómo trataba los objetos sagrados de sus enemigos. Eso permitió que tanto fray Vicente como Aldana se regresaran al aposento donde les aguardaba Pizarro, a quien el fraile dijo que por boca de Atahualpa parecía hablar el mismo Lucifer, a juzgar por el desprecio con que los había tratado.

Pizarro, que ya los esperaba con la celada baja, la adarga embrazada y espada en mano, hizo la señal convenida, que era el disparo de un arcabucero, de nombre Juan Llano, de Trujillo, en quien el gobernador tenía puesta gran confianza. Se había acordado que el disparo debía ser al aire para que fuera bien oído por toda la tropa, pero el propio Pizarro, a la hora de hacerlo, le dijo que mirase de no tocar a Atahualpa, por lo mucho que les iba tomarlo con vida, pero que en lo demás no estaban para desperdiciar balas, por lo que Juan Llano, con la escopeta puesta sobre una horquilla, disparó y acertó a dar a un sacerdote que estaba cerca del inca, arengando a los suyos. A renglón seguido comenzaron a sonar los disparos de los falconetes de Pedro de Candía, así como los de los restantes arcabuceros, y fue la primera vez en la conquista en la que tantas armas de fuego se concertaban a una para hacer daño sobre el enemigo.

Cuando los indios comenzaron a correr de un lado para otro de la plaza, queriendo huir de aquella lluvia de fuego que parecía bajar de los cielos, se abrieron los galpones de la caballería y los tres escuadrones irrumpieron en la plaza arrollando a los que huían, lanceándolos sin mirar si lo hacían de frente o por la espalda. «Tan pocos pudimos con tantos —comenta Ramírez— porque aquellos desgraciados que no habían querido atender a razones no sabían de dónde les venía el mal, si del cielo o del bufar de los caballos, que eran quienes echaban los tiros por las narices».

El que fueran tantos dentro de la plaza mucho ayudó a los españoles, porque los que huían no se podían rebullir y se apelotonaban unos contra otros, siendo muchos los que murieron de asfixia, aplastados contra los muros de la ciudad. Visto lo cual ordenó Pizarro que una compañía al mando de Rodrigo Núñez se situara en la entrada para que nadie pudiera salir, y así continuar con su quehacer los artilleros y los de la caballería. Éstos repasaban en tornados una y otra vez la plaza, y acabaron por dejar las lanzas, que tenían que meter y sacar, para servirse de las espadas, que eran más fáciles de manejar.

En su afán de huir los indios formaban pirámides subiéndose unos sobre otros para saltar los muros, hasta que la pared del lienzo sur acabó por derrumbarse, pese a estar hecha de muy buena piedra, y por ahí querían escaparse todos. Pizarro, a grandes voces, advirtió a Pedro de Candía que sobre aquellos había de disparar, pero que no diera más tiros dentro de la plaza porque había llegado la hora de hacerse con Atahualpa, y no fueran a pagar justos por pecadores.

El gobernador en persona, al frente de veinte hombres, se fue abriendo paso hacia el anda imperial en la que Atahualpa, ya de pie, no podía disimular el asombro que le producía lo que estaba sucediendo. El trabajo de estos hombres era hacerse camino entre los criados y porteadores del inca, que eran los únicos que no se habían dado a la huida, y que aunque no osaban enfrentarse a aquellos demonios, tampoco se retiraban, por lo que los soldados tenían que acuchillarlos para que se apartasen.

Si no estuvieran unánimes todos los cronistas al contarlo, sería de no creer que en tan cruenta batalla el único español que resultó herido fuese el gobernador, y no por mano enemiga, sino porque cuando estaba para echar mano de Atahualpa, un soldado, de nombre Alonso de Mesa, ofuscado por tanta sangre como corría por doquier, le lanzó una cuchillada al inca sin saber lo que se hacía, y Pizarro, al tratar de detener el arma, sufrió una herida en su mano derecha de la que tardó en curar más de un mes. Pizarro había advertido que nadie hiriese al inca bajo pena de su vida, pero fue tanta la alegría de aquella victoria que perdonó al imprudente, y argüía festivo que la pena era para el que hiriese al indio, no a su señoría. Estas cosas eran las que hacían que Pizarro fuera tenido en tan tanto por sus soldados.

El soldado Miguel Estete se jactó de haber sido quien atrapó al inca agarrándole de los cabellos y dando con él en el suelo, pero otros siete soldados se disputaban el mismo honor, porque si el Estete pudo hacer eso, fue gracias a que ellos acertaron a volcar las andas sobre las que estaba subido su majestad.

Los escuadrones de caballería, ya en campo abierto, iban tras los que huían, procurando que fueran los menos los que se refugiaran en la fortaleza del cerro Pultumarca, para que no les diera por reorganizarse y presentarles batalla al otro día. Cuando el sol se ponía, comenzó a llover, y Francisco Pizarro mandó al fraile Vicente Valverde con la orden de que no debían tentar más a Dios, y que hora era de recogerse para darle gracias por la victoria conseguida, y que al siguiente día ya se vería.

Llegado ese día, según Ramírez, poco hubo que ver. Con las primeras luces Hernando de Soto, el más afanoso de todos los capitanes, ya andaba rondando por el cerro Pultumarca al mando de treinta jinetes, más otros tantos nicaraguas y negros de Guinea, para hacerse cargo del botín, cierto como estaba de que no habían de encontrar resistencia, pues bien sabía después de tantos años de pelear con indios de toda condición que cuando su cacique o jefe era preso o muerto, lo tenían por presagio fatal y daban por perdida la batalla, retirándose como el animal herido, que se refugia en su guarida para allí dejarse morir. Pero en esta ocasión la sorpresa fue aún mayor, ya que el poblado no se encontraba vacío, sino con varios miles de indios que les recibieron con inequívocas muestras de amistad y aun de admiración.

Venía acompañado Soto del lengua Felipillo, y por medio de él les hizo saber que nada tenían contra ellos, que no venían a hacerles ningún mal y que se podían marchar cada uno a su lugar, pero sin llevarse consigo ni el oro ni la plata que hubiera en el poblado, que pertenecía por derecho de conquista a los que habían ganado aquella guerra y que tan misericordiosos se mostraban ahora con ellos. Los indios escuchaban muy mansos, se hacían repetir el mensaje una y otra vez, hablaban entre ellos muy quedo, y al poco comenzaron a retirarse para volver portando ropas lujosas y ricos objetos de oro y plata que depositaban a los pies de los conquistadores. Hernando de Soto, como soldado muy experimentado, ordenó a los negros y a los naborías que se hicieran cargo del tesoro, pero a sus jinetes les dijo que se mantuvieran vigilantes, no fuera a haber en todo ello una trampa.

Recogieron bienes por valor de un millón de pesos, y como no fueran bastantes para transportarlos hasta Cajamarca, determinó Soto tomar algunos prisioneros, pero no hizo falta, porque los del campamento inca se prestaron voluntarios a hacerlo. Esto fue, según explicó un cacique de la costa, porque todos ellos eran súbditos de Huáscar, el verdadero inca, y estaban allí obligados por Atahualpa, y por eso se alegraban de su muerte. Cuando Soto les explicó que no estaba muerto, sino preso, dijeron que hacían mal en no darle muerte como hacía él con los que vencía. Este odio que se tenían los de Huáscar con los de Atahualpa les sirvió de mucho a los españoles.

Hernando de Soto mandó que tomasen cien indios de los más forzudos para transportar el botín, y como todos querían contarse entre los elegidos, al final resultó que cuando emprendieron el regreso a Cajamarca seguían a los españoles y a los porteadores no menos de 5.000 indios, muchos con las manos vacías, pero que no querían apartarse de quienes —pensaban— de un momento a otro les iban a devolver a su inca legítimo. Estos indios habían tomado a los españoles por dioses y pensaban que podían hacer ese milagro, como habían hecho el de derrotar a Atahualpa.

Cuando los centinelas de Pizarro vieron acercarse aquella multitud a las murallas de la ciudad, tocaron a rebato, pensando que les atacaban de nuevo, y no dejaron las armas hasta que Hernando de Soto, a voces, les explicó lo que sucedía. Al mismo don Francisco le costaba entender tanta fortuna, aunque no se cansaba de repetir a sus capitanes que las cosas habían sucedido como él les había dicho, y que en lo sucesivo, si seguían siendo tan bien mandados, aún les iría mejor, pues lo más malo ya había pasado.

Mucho se alegró de la amistad que le brindaba aquella multitud de indios y, como primera providencia, les dijo que habían de enterrar a todos los muertos de la batalla del día anterior, cuyo número ascendía a 3.000, y que por el calor ya comenzaban a descomponerse. Cumplido este menester, que les llevó todo el día, consintió que los soldados tomasen indias para su servicio, con gran disgusto de fray Vicente, que se enfrentó con el gobernador para reprocharle que consintiera tal desafuero. Pero su señoría le replicó que sólo consentía que las tomasen como naborías, es decir, como criadas para cuidar de su comida y de su ropa, que bien se lo tenían ganado después de lo que habían padecido, y que a la conciencia de cada uno quedaba en lo que se excedieran. Desde ese día los conquistadores iban acompañados de sus naborías, y fray Valverde les predicaba que no podían ayuntarse con ellas sino era para desposarlas, y todos decían que sí, y algunos lo hicieron, pero sólo después de tener hijos de ellas.

El provecho que se obtuvo de la victoria de Cajamarca fue inmenso. Atahualpa, viendo lo codiciosos de oro que eran los españoles, ofreció llenar del apreciado metal el aposento en el que se encontraba hasta la altura de su cabeza, más dos galpones llenos de plata, todo a cambio de su libertad. Como dice un cronista de la época, «en las guerras entre cristianos también es costumbre cobrar rescate por los prisioneros, pero ninguna testa coronada de Europa habría alcanzado a pagar cosa semejante».

El inca cumplió, pero de poco le sirvió. Se corrió la voz de que estaba organizando una revuelta contra los españoles, y Almagro, el más nuevo en la conquista, dijo que había que ajusticiarlo. Pizarro —dicen que de mala gana— consintió y le dieron garrote vil.

No paró ahí el reguero de sangre. So pretexto de que Almagro pretendía alzarse contra la autoridad del gobernador, Hernando Pizarro le combatió y derrotó en la batalla de las Salinas. Luego le juzgó y le hizo ejecutar. En esta ocasión don Francisco derramó amargas lágrimas por la suerte que había corrido quien fuera su socio, pero no dudó de la justicia de lo que había hecho su hermano, el legítimo.

A partir de ese día el marqués dicen que quedó triste, pero poco le duró la pena, ya que un hijo de Almagro, conocido como Almagro *el Mozo*, decidió vengar la muerte de su padre y el 26 de junio de 1541 se presentó en el palacio de la Ciudad de los Reyes al frente de un grupo de almagristas y, entre todos, dieron muerte al conquistador del Perú. El marqués, bravamente, se defendió espada en mano por más de media hora, y para lograr matarlo tuvieron que descalabrarlo con un cántaro.

Pedro Pizarro, en su crónica, comenta lacónico sobre la batalla de Cajamarca que «muchas penas nos quedaban por pasar para hacernos con tan gran imperio, pero aquel día fue el que de verdad se conquistó el Perú». Por su parte, Ramírez concluye: «Tanta grandeza como mostraron en Cajamarca fue luego desdoro y miseria a la hora del reparto del botín y las prebendas».

La batalla de Lepanto, supremacía en el Mediterráneo

La batalla de Lepanto es «la más alta ocasión que vieron los siglos pasados, los presentes, ni esperan ver los venideros», según el punto de vista de Miguel de Cervantes, que tomó parte en ella en su modesta condición de sargento al mando de una tropilla de doce soldados. Sin embargo, han transcurrido los siglos y se tiene la impresión de que esa batalla es famosa precisamente porque en ella tomó parte el Manco de Lepanto y en ella perdió la movilidad de la mano izquierda «para mayor gloria de la diestra», que fue con la que escribió el *Quijote*.

Del resto de cuantos intervinieron en el acontecimiento, grandes de España, de Italia o de Venecia, pontífices santos, corsarios otomanos de gran renombre, príncipes, nobles e hidalgos, apenas se tiene noticia, salvo de su capitán general, don Juan de Austria, cuya fama también tiene bastante que ver con el hecho de ser un personaje casi novelesco y con novela propia, *Jeromín*, del padre Coloma.

Sin embargo, la batalla de Lepanto tuvo gran relevancia en su tiempo, pues en ese golfo de la costa griega se dirimió la supremacía naval en el Mediterráneo entre cristianos y musulmanes, que a la sazón se disputaban el poder en la zona. En aquella época se creía que en el Mediterráneo estaba todo, aunque el lector que haya tenido la paciencia de llegar hasta aquí habrá podido constatar que allende otros mares que los monarcas tenían en poco —el Atlántico, el Pacífico— se abrían inmensidades misteriosas que estaban esperando unos pies que las hollasen. Sin embargo, en el Mediterráneo estaban Roma, Constantinopla, los Santos Lugares... En suma, la fuente de la vida, del saber, de la cultura y del poder. En aquel tiempo España era la nación más poderosa de la Tierra, y no podía consentir que los corsarios otomanos se permitieran desembarcar en sus costas de Levante para tomar presos a cristianos, por los que si eran de noble condición pedían rescate, y si pertenecían al pueblo llano, los destinaban a galeras. En cuanto a las mujeres, si eran jóvenes y agraciadas podían terminar en un harén.

De los numerosos corsarios al servicio del Gran Turco el más famoso era el virrey de Argel, Luchalí, cuyo recreo consistía en combatir a las naves cristianas allá donde las encontrara, y cuyo nombre era tan temido que con él se asustaba a los niños de las costas de Valencia y Granada.[7] A tanto llegó la audacia de Lu-

7. Este Luchalí es, en árabe, Alush Alí, pero preferimos la denominación castellanizada de la que se sirve Luciano Serrano, abad de Silos, en su *España en Lepanto,* por considerarle uno de los autores más documentados en el evento.

chalí y sus corsarios, que los moriscos de Granada concibieron la esperanza de que podían ser liberados del yugo cristiano, y que de nuevo se restablecería en todo su esplendor el antiguo reino moro de Granada.

Los moriscos eran los antiguos mudéjares que a comienzos del siglo XVI fueron puestos en el dilema de convertirse al cristianismo o emigrar de España, con lo que se consiguió, según un cronista de la época, «que fueron cristianos de nombre y musulmanes de corazón». Los que habitaban lejos de la costa, en Aragón, en Toledo, eran muy buenos labradores y vivían muy sujetos a sus señores feudales, resignados con su suerte. Pero los del Levante gozaban de mayor libertad y recibían la visita de sus parientes del otro lado del estrecho, que les cantaban las excelencias y logros de los turcos y de su gran señor, el sultán de Constantinopla. Estos corsarios, en cada venida, capturaban algunos cristianos que luego vendían como esclavos en el mercado de Argel, el más floreciente de todo el Mediterráneo. Por ahí les entró a los moriscos el deseo de recuperar sus antiguas prebendas. Echaron cuentas y les salió que su número superaba los 500.000, por lo que pensaron que era llegado el momento de restablecer el sultanato de Granada.

Se alzaron en armas en 1568, y a tan gran rey como era Felipe II le llevó más de dos años dominar la sublevación, sirviéndose de sus mejores generales, entre ellos el mismo don Juan de Austria, pues no sólo había de combatir a los moros españoles, sino también a los corsarios de quienes recibían ayuda. Entonces fue cuando el Rey Prudente determinó que era preciso acabar de una vez por todas con el poderío naval otomano que, por considerarse invencible, se atrevía a atacar a los reinos cristianos.

Del mismo parecer, aunque por motivos muy distintos, era el papa Pío V, un monje ascético que llegó al Vaticano vestido de humilde sayal y por primera vez en muchos años consiguió que en aquellos sagrados salones dejaran de sonar las torpes risotadas de algunos de los que le precedieron, entre ellos el papa Borgia. Los romanos le reprocharon haber convertido el Vaticano en un convento, reproche menor habida cuenta de los antecedentes. Pío V, que llegaría a ser santo, consideró más adelante que la victoria que los cristianos obtuvieron sobre el islam en Lepanto fue debida no tanto al genio militar de don Juan de Austria y a la poderosa flota que mandaba, sino a la eficacia del santo rosario que hizo rezar a toda la cristiandad en vísperas del combate. Que sea cierto esto último, sólo Dios lo sabe, pero de lo que no cabe duda es de que la fama de santidad de la que gozaba este papa hizo posible que se pusieran de acuerdo reinos cristianos encontrados en sus intereses políticos y económicos.

El santo papa soñaba con una cristiandad unida por el Evangelio, que acabaría por recuperar los Santos Lugares para así poder dar culto a Cristo en la tierra que le vio nacer. A semejante sueño se oponía el poderío otomano en el Mediterráneo, y por eso estaba conforme con el apotegma que sostenía «paz entre los cristianos y guerra al pagano», expresión que puede resultar escandalosa para la mentalidad pacifista del siglo XXI. Un ensayista del siglo XX, al referirse a Pío V y su participación en Lepanto, comenta: «Que Pío V hizo méritos suficientes para alcanzar la santidad está fuera de toda duda, pero no sería por la parte que le tocó en la victoria naval sobre los turcos en Lepanto. Santo fue por el gran bien que hizo a la Iglesia estableciendo para todos los clérigos la norma suprema de la austeridad, y poniendo fin a juegos y banquetes. Santo fue por el fuego que puso en combatir el luteranismo en todas sus formas. Santo fue por hacer llegar a todas las parroquias un catecismo que recogía la doctrina del Concilio de Trento y que era un prodigio de sabiduría. Pero dar la guerra al turco, muriendo en el empeño miles de cristianos, y otros tantos que no lo eran, se compagina mal con el espíritu del Evangelio, y sírvale de disculpa que en aquellos siglos se entendían las cosas de otra manera, y hasta santo tan grande, como fue el de Aquino, se mostraba conforme en combatir al pagano cuando no se avenía a razones».

Pío V se empeñó en la batalla de Lepanto, pero no pudo lograr su sueño de formar una liga en la que combatieran, unidos como hermanos, todos los cristianos. Francia, la católica Francia, *primogénita* de la Iglesia, cuyos reyes ostentaban el título de «cristianísimos» por concesión pontificia, para nada quiso formar parte de una liga de la que España haría cabeza. Muy por el contrario, aunque de manera subrepticia, sus intereses estaban unidos a los del Imperio Turco, por ser ambos enemigos de España y de la Casa de Austria. Los comerciantes franceses negociaban con sus colegas otomanos, y los corsarios sarracenos cuidaban de no molestar los establecimientos franceses del Mediterráneo. En suma, Francia consideraba al sultán de Constantinopla como su mejor aliado para terminar con la hegemonía de España en el mundo. Por la misma razón ayudaban a la rebelión de los flamencos en los Países Bajos, que se habían alzado contra el enemigo común: España.

Cuando en 1566 murió Solimán el Magnífico, Pío V entendió que era el momento de convocar a toda la cristiandad en la lucha contra el turco. Reunió una junta de cardenales, se estudiaron las bases de una confederación, y la única respuesta positiva fue la de la República de Venecia, y eso por razones muy singulares, que poco tenían que ver con la defensa de la fe.

La Serenísima República de Venecia era un gran foro comercial, que a fuerza de talento para los negocios había conseguido, pese a su insignificancia territorial, entrar en el juego de la política mundial. Todas las mercancías del oriente pasaban por sus plazas, y había logrado establecer una colonia comercial en la misma Constantinopla, a tal extremo que se podía decir que monopolizaba todo el tráfico mercantil del imperio turco. Sus relaciones con los otomanos eran excelentes, puesto que se contaban entre sus mejores clientes como proveedores y consumidores, y así fue hasta que en 1569 el turco se atrevió a atacar Chipre, que pertenecía a Venecia, y que le resultaba fundamental para el tráfico de su negocio. Por todos los medios intentó concertar tratados de paz con la Sublime Puerta, pero el turco se cerró en banda y dijo que quería Chipre para sí, de modo que a Venecia no le quedó más remedio que concertarse frente a quien no respetaba su territorio.

Así se creó la alianza tripartita que había de combatir al Gran Turco: España, los Estados Pontificios y

Venecia. Esta última con grandes reservas, porque si bien temía al turco, otro tanto le pasaba con España, y no le gustaba la posibilidad de ser absorbida por esta potencia, como ya lo habían sido Milán, Nápoles y Sicilia. Por eso la república veneciana no se decidió a formar parte de la Santa Liga hasta que el papa, con su gran autoridad moral, aseguró al dux que no habría de perder la independencia frente a España, y que de ningún modo los mandos españoles tendrían autoridad sobre los navíos venecianos. Comenta un cronista veneciano: «No es de admirar tanto recelo por parte de Nuestro Serenísimo Señor, pues el imperio de Felipe II entendía que todo el mundo le pertenecía y que hacía un favor a quienes tomaba como suyos, aunque otro era el parecer de quienes le padecían en los Países Bajos, Nápoles o Sicilia, y otro tanto se decía de los que le estaban sujetos en el continente que había descubierto un genovés, o veneciano, de eso no se está cierto, de nombre Cristóforo Colón, aunque para nuestra desgracia lo hizo en nombre de la corona de España».

Con tales precedentes no es de extrañar que la liga tardara cerca de un año en concertarse. La desconfianza entre España y Venecia era recíproca. El nuncio de Roma en España escribía a Pío V: «En la corte española se respira escaso amor a los venecianos, achacándoles que nunca han prestado ayuda militar a otros, aunque se la hayan pedido, y que son gente dispuesta a abandonar cuando les conviene sus compromisos de guerra mirando sólo a su propio interés, y echando sobre la espalda de los coligados todo el peso de la empresa».

Y por su parte, el nuncio en Venecia advertía al papa de que de ningún modo estaba dispuesta la Serenísima República a aceptar que un general español mandase la armada. Sobre el nombramiento de este generalísimo pasaron meses de discusiones sobre si convenía que hubiera dos generales, uno para la marinería y otro para la infantería, o si había de ser uno solo. Pretendía Venecia que se reservara al papa el nombramiento del general, pero en esto no cedió Felipe II, que tenía decidido que no había de ser otro que su hermanastro Juan de Austria, tanto para las tropas de mar como para las de tierra, y con los más amplios poderes. Para ello invocó como razón más poderosa que si a España le correspondía soportar en mayor medida que a los otros el gasto de la expedición, era de justicia que le correspondiera el mando.

En este punto el nuncio en Madrid hizo llegar al papa el siguiente mensaje: «Mire bien, Su Santidad, a que sea don Juan de Austria quien esté al frente de la armada, pues esto lo tiene muy decidido Su Majestad, que ama tiernamente a su hermano, aunque sólo lo sea por parte de su padre. En la corte se murmura que en ese amor hay su punto de envidia, y no es para menos, pues en Su Excelencia se dan todas las gracias que natura dispensa a los privilegiados. De estatura es más bien cumplida, y las piernas, pese a ser muy buen jinete, no las trae estevadas, sino muy rectas y armoniosas, y bien que las luce calzándolas con unas medias blancas que las resaltan. El talle estrecho, los hombros fornidos, el rostro rubicundo, y los cabellos rubios como los debió de tener su madre. De gracia en el hablar no se diga, aunque siempre muy prudente cuando está en presencia de Su Majestad, de quien se muestra devotísimo. Su Majestad, que le lleva veinte años, le da trato de padre y por la edad podía serlo, y si le cuentan historias de amoríos de Su Excelencia (que hay quien dice que los tiene) menea la cabeza, pero de ahí no pasa. De buen soldado dio pruebas cumplidas en la rebelión de los moriscos de Granada, pues nombrado capitán general de toda la Andalucía, fue de los que puso fin a tal desorden. Con la tropa se hace presto, sobre todo a la hora de repartir el botín, pues su parte la deja para los que tienen menos, y cuando no hay botín lo pone de su propio peculio. De la mar no anda corto de ciencia, pues es ahora y está como general con mando sobre una escuadra de treinta y tres galeras, con las que recorre el Mediterráneo, y lo que le falta a Su Excelencia en el arte de navegar les sobra a los que le asisten, don Álvaro de Bazán y don Luis de Requesens, pues de sabio es dejarse aconsejar, y en eso Su Excelencia se muestra muy dócil. De religión muy ordenado, muy cumplidor de la Cuaresma, sin que falte a los ayunos y vigilias que prescribe la Iglesia; cuando se confiesa lo hace con gran dolor, y cuando comulga, con unción. No sería hermano de Su Majestad, y aún así haría buen general de la liga que con tanto amor está empeñado Su Santidad». Visto lo cual el papa se puso de parte de España y a Venecia no le quedó más remedio que ceder.

Juan de Austria era hijo natural de Carlos V y de una hermosa mujer, Bárbara de Blomberg, con la que mantuvo una intensa relación amorosa en la madurez de su vida —tenía cuarenta y seis años, edad avanzada para la época—, siendo ya viudo. La corte, como de costumbre tratándose de realezas, se mostró muy comprensiva con esta debilidad de la carne, y pasado el tiempo se le reconoció su condición de hijo del más grande emperador de su tiempo.

Esta Bárbara de Blomberg era doncella cuando la hubo el emperador y, por el amor que sentía por ella, una vez que la dejó en estado tomó diversas disposiciones a su favor, aunque algunas fueron muy dolorosas. La primera fue quitarle nada más nacer al hijo de sus entrañas para ponerlo bajo la custodia de don Luis de Quijada, cortesano de toda su confianza y hombre de bien. «Esto lo hizo —comenta Raimundo de Brancafort, cronista holandés de la época— porque estando llamado a tanto don Juan de Austria, no podía dejarlo a la guarda de mujer joven e inexperimentada». La siguiente medida fue dotarla y disponer su matrimonio con un caballero alemán, Jerónimo Kegell, que no tuvo a menos el desposarla si sólo había pasado por las manos de Su Majestad Imperial. No consta que tuvieran hijos, o aunque los tuvieran no por eso dejó de suspirar por el habido en su primera juventud. Por eso cuando enviudó de Jerónimo Kegell se vino a España, país para ella desconocido y hasta hostil, sólo con la esperanza de verle, cosa que parece que no consiguió. Murió en Colindres, Santander, en 1598 y, por tanto, en la distancia llegó a conocer la gloria que alcanzó su hijo, y eso quizá le serviría de consuelo.

El nacimiento de Juan de Austria tuvo lugar en Ratisbona. Fue bautizado con el nombre de Jerónimo, y permaneció en Alemania hasta que cumplió los tres años, cuando fue trasladado a España, a un caserío de Leganés, cercano a la capital del reino, con predominio de tierras de labor y galgos cazadores. Un sacristán, de nombre Francisco Fernández, fue el encargado de darle letras. Bajo la vigilancia del matrimonio Quijada se hizo cargo de su educación una mujer llamada Magdalena de Ulloa, a la que Jeromín —así era conocido en Leganés— llegó a amar como a una madre, aunque ésta le explicaba que ella no era su madre y le contaba que él era hijo de un ayuda de cámara del emperador, Adrián de Bois. En este punto volvemos a retomar el testimonio de Raimundo de Brancafort: «En esa época de su vida quedó manifiesto el buen natural de don Juan de Austria, pues lo único cierto que sabía es que era hijo bastardo, pero no del emperador, sino de su ayuda de cámara, y ya eso le parecía gran honor, aunque lamentaba mucho no ver nunca a Adrián de Bois y tenía nostalgia de un padre que no era el suyo, pero del que se sentía muy orgulloso por estar tan cerca de Su Majestad el Emperador. Mas atendía a razones, y si la doña le decía lo muy ocupado que estaba su señor padre con tantos negocios por el mundo adelante, lo comprendía y no protestaba. A este Adrián de Bois lo conoció cuando ya no lo tenía por su padre, y alguna broma le gastó al respecto. Digo buen natural pues le traían y le llevaban, le ponían al cuido de unos o de otros, aquí o allá, y nunca se quejaba, salvado cuando quisieron hacer de él un clérigo o que profesara en religión».

Era costumbre de la época para los bastardos de alcurnia el que profesaran en religión, para luego hacer de ellos cardenales, y ése era el proyecto imperial para Jeromín. Idea que duró mucho tiempo, pues consta que en 1564 Felipe II solicitó del papa Pío IV el capelo cardenalicio para su hermano. Que no tenía vocación de fraile el tiempo lo demostró, pero tampoco acertaron en los comienzos, pues le pusieron como preceptor en las ciencias sagradas a un capellán de un convento de monjas cistercienses que había en Leganés, gran cazador y no mal jinete, cuya rehala de galgos era famosa en toda la región, y en ese arte bien que instruyó al joven noble, que lo llevaba en la sangre como hijo de quien era. Todo el tiempo que fueran tras de las liebres se le hacía poco, y no había cumplido los diez años y ya disparaba con la escopeta como el más consumado de los arcabuceros. En todo caso, sin ser corto para los estudios ni andar falto de piedad, era hablarle del convento y descomponérsele la faz.

En 1557, sin mayores explicaciones, se trasladaron a vivir a una pequeña aldea, casi mísera, nombrada Cuacos, cuya única gracia era ser vecina del monasterio de Yuste, al que se había retirado para morir el emperador Carlos V. Un buen día, doña Magdalena, que era de noble cuna, dijo que había de ir a rendir pleitesía al emperador, y que Jeromín le acompañaría como su paje. Los encuentros fueron varios, y los que asistieron a ellos cuentan que el emperador se embelesaba con la presencia de Jeromín y le hacía caricias muy comedidas, aunque nunca le dijo que fuera su padre. De los sentimientos del joven nada dicen, aunque es de suponer que asistiría perplejo a tales manifestaciones de aprecio de quien había sido dueño del mundo.

No duraron mucho los encuentros, pues corta fue la estancia del emperador en Yuste, que al año de llegar murió. No consta en su testamento que habría de reconocerse a Jerónimo como su hijo, pero bien de palabra o por escrito dejó dicho a su hijo Felipe II que ésa era su voluntad, y éste cumplió.

Raimundo de Brancafort, al que se puede considerar cronista de la casa de Austria del siglo XVI, comenta al respecto: «Muerto Su Majestad Imperial, se le empezó a decir poco a poco [a don Juan] de quién era hijo, y esto corrió a cargo de don Luis de Quijada, pero hasta que no se lo dijo doña Magdalena no se lo creyó; es de imaginar el pasmo en mozuelo que andaba corriendo tras las liebres y perdices y de la noche a la mañana se encontraba elevado a tanta dignidad. Y bien elevado, pues Su Majestad el Rey dispuso que el reconocimiento fuera con toda solemnidad, en el monasterio de la Santa Espina, de Valladolid, en una ceremonia muy hermosa en la que le cambió el nombre por el que es conocido de don Juan de Austria, y le asignó casa, renta y la orden del Toisón de Oro. También dispuso que desde ese día había de recibir instrucción, y le nombró como preceptor a Honorato Hans, humanista notable. Esto lo hizo pensando que todavía podía alcanzar a ser cardenal, pero cuando vio que no iban por esa trocha sus anhelos, bien que le ayudó en su carrera militar, primero en la guerra de Granada y luego en la mar. En la guerra de Granada, contra los moriscos, tuvo cumplido ejemplo de lo que era el honor en el campo de batalla, y en cuanto merecía su persona. Don Luis de Quijada, quien fuera su mentor, lo siguió siendo cuando fue nombrado capitán general para toda la Andalucía, auxiliándole y aconsejándole en los combates, y en uno de éstos, en los que don Juan con su fogosa juventud se metió donde no debía, llegando a estar rodeado de moriscos, que eran muy bravos, con grave riesgo de su vida, el señor de Quijada, por salvársela, perdió la suya. Eso le costó amargas lágrimas al hijo del emperador, reprochándose la muerte de persona a la que tenía en tanto, lágrimas que volvió a repetir en presencia de Su Majestad cuando se lo contó, y Su Majestad amorosamente le dijo que había de cuidar más de su persona, pero que no debía llorar por la muerte de don Luis, pues es obligación de todo vasallo, y gran honor, morir por salvar la vida de su señor. Con lo cual reconocía el señorío de don Juan de Austria sobre todos, salvada la persona real.

»Ante tales extremos por parte de don Felipe, es de imaginar la devoción que don Juan sentía por Su Majestad, y era no conocerle pensar que podría hacer algo en su contra. Cierto que su santidad Pío V quedó tan prendado de él, sobre todo después de la victoria de Lepanto, que le dijo que había de hacerle rey del primer reino que conquistase, que podía ser el de Albania o un reino cristiano en el norte de África, con cabeza en Túnez. También su santidad pensó en casarle con María Estuardo, reina católica de Escocia, y así sería posible una invasión de Inglaterra, que iba por mal camino, cada día más apartada de la verdadera Iglesia. Que habría sido un buen rey, no cabe duda, pero nunca contra la voluntad de su hermano y señor, como algunos han querido ver».[8]

8. Se refiere Raimundo de Brancafort a la trama que organizaron Antonio Pérez y su secretario Juan de Escobedo acusando a Juan de Austria de pretender invadir Inglaterra y luego los Países Bajos para alzarse con la corona de todos esos territorios. Don Juan murió joven de tifus, a los treinta y un años, dicen que entris-

En los preparativos para la batalla de Lepanto, una cuestión que llevó tiempo y arduas negociaciones fue la prorrata conforme a la cual los tres Estados participarían en la liga contra el turco. Por fin se acordó que las partes serían seis, de las cuales tres corresponderían a España, dos a Venecia y una a los Estados Pontificios. En esa proporción habrían de aportar dineros, tropas, barcos y material de guerra, y en la misma medida se repartiría el botín de guerra, que confiaban que sería cuantioso, ya que muchos de los navíos del Gran Turco pertenecían a piratas y corsarios, que todo lo que depredaban lo ponían a buen recaudo en los sollados de sus barcos, pues se fiaban poco los unos de los otros y preferían llevarlo consigo. También eran famosos los turcos por el regalo que se traían en sus alfanjes, con empuñaduras de plata e incrustaciones de rica pedrería. Se pactó que todo el botín que se consiguiera, hasta el último maravedí, había de aportarse al acervo común, para luego repartirlo en la forma convenida. Pero esto no se cumplió, y la generosidad de la que dio muestras don Juan de Austria contrastó con la avidez de muchos capitanes cristianos que se entregaron a una verdadera rapiña de alhajas, dineros, tapices y hasta cañones, armas y esclavos cuando los turcos fueron derrotados. Don Juan, como de costumbre, renunció a su parte a favor de la clase de tropa, y por no enturbiar el esplendor de la victoria declinó investigar aquellos desmanes.

---

tecido porque se pudiera murmurar eso de él y, según su confesor, pobre como buen soldado que había sido.

Capítulo fundamental fue el origen de los fondos para mantener la Santa Liga. Felipe II hizo ver al papa cuán oneroso le resultaba ayudar a los católicos ingleses en su lucha contra la reina Isabel, y otro tanto le sucedía en los Países Bajos, amenazados de un protestantismo extremo, a lo que había que añadir la defensa de las fronteras alemanas frente a la invasión turca. Por tanto, iniciar un nuevo frente en la mar era impensable sin la ayuda dineraria de la Iglesia. A tal fin, por medio de su embajador en el Vaticano, don Juan de Zúñiga, le solicitó para el erario real los diezmos del feligrés más importante de cada parroquia.

Cuenta Juan de Zúñiga que el papa se resistía por escrúpulos de conciencia, ya que entendía que destinar rentas eclesiásticas a negocios de guerra era sustraérselas a los pobres. Le llevó meses decidirse, muchas oras de oración y de consultar a unos y a otros, y por fin dio el sí. El primer asombrado fue el embajador Zúñiga, quien comunicó al rey: «Es poco menos que milagroso lo sucedido, que Su Santidad, con tan acervos escrúpulos de conciencia como tenía, que le traían sin sosegar, haya accedido a lo que le solicitaba Su Majestad, y el subsidio es concedido».

Venecia, como buena república de comerciantes, no anduvo menos avisada en ese punto y consiguió del papa un diez por ciento sobre los diezmos eclesiásticos de todo el territorio, más la venta de varios edificios que eran bienes de la Iglesia, comprometiéndose a destinar lo que se obtuviera a mantener la liga. Lo cual, según las malas lenguas, no siempre cumplió, dado el especial sistema de armar naves del que se servía la república. Y en este punto conviene hacer la siguiente aclaración.

Las galeras de la Santa Liga armadas por España, Nápoles y Sicilia pertenecían al reino, y si se perdían, el gasto era soportado por el reino. Las galeras de Venecia, en buena parte, eran una suerte de negocio particular de los comerciantes, artesanos e industriales, que se obligaban a armarlas a prorrata y les correspondía nombrar a los capitanes, a los que mucho encarecían que cuidasen en los combates que el navío no sufriera daño, para no verse obligados a aportar otras galeras. Del botín que se obtuviera, la mitad era para la tripulación y la otra mitad para los comerciantes armadores. Pero éstos, a la hora de dotar de soldados y vituallas a sus navíos, se quedaban cortos, lucrándose con la diferencia entre lo que recibían en diezmos de la Iglesia y lo que invertían. Consta en una crónica de la época que antes de que don Juan de Austria se hiciera cargo del generalato de la liga, reinaba la corrupción en la escuadra veneciana, a tal extremo que su anciano general, Zanne, tuvo que ser depuesto y aherrojado en una cárcel, en la que murió a los pocos meses. Y la misma suerte corrieron diversos capitanes acusados de cohecho y malversación de dineros.

Por fin, el 24 de agosto de 1571 llegó don Juan de Austria al puerto de Mesina, donde estaba previsto que se habían de reunir todos los navíos de la Santa Liga. Ese mismo día envió un comunicado a España en el que comentaba que las galeras españolas eran las mejores que jamás se habían visto, todas muy bien artilladas y en orden, por lo que consideró que el rey había cumplido sobradamente. Mas no pudo decir lo mismo de la armada veneciana, al mando del general

Sebastián Veniero, sin tacha en lo que a patriotismo se refiere, pero sus navíos «no están en el orden que yo quisiera y fuera necesario al servicio de Dios y beneficio común de la Cristiandad, según el estado de las cosas presentes».

Se dio gracia don Juan de Austria en mostrarse conciliador tanto con el general veneciano como con el pontificio, ambos marinos experimentados que podían mirar con natural recelo a un superior que a la sazón contaba tan sólo veintitrés años.

El general Veniero tenía fama de valor extremo a la hora del combate, y de ello dio muestras en la batalla de Lepanto, pero en su trato era desabrido, con arrebatos de cólera en los que tomaba decisiones desconsideradas, y fue muy poco cuidadoso en la organización de su flota. Cronistas de la misma República de Venecia denuncian que sus galeras iban cortas de tripulación y a veces no alcanzaban ni la mitad de la dotación precisa para entrar en combate; en cuanto al avituallamiento, en lugar de salir aprovisionadas ya desde Venecia, recibían doblones de los comerciantes y se suministraban en los puertos en los que recalaban, lo cual no siempre era posible, por lo que las hambrunas eran habituales en los navíos venecianos. Uno de esos cronistas comenta que «no se entiende que con tanto descuido para los negocios de la mar, fuera nombrado general de la armada más notable que zarpara de Venecia, si no es por la amistad con la que le favorecía el dux, que tenía en más el patriotismo de Veniero que la prudencia que es aconsejable en un almirante».

Don Juan de Austria, como se verá, mucho padeció a causa del general Veniero, pero entendió que en vísperas de un combate era preferible evitar mudanzas y poner remedio en lo que fuera posible. En lo que atañe a falta de tripulación dispuso completar los navíos venecianos con marineros y soldados españoles, aun a costa de nuevas levas. A tal fin embarcaron en la escuadra veneciana 4.000 soldados de Felipe II, de los cuales 1.600 eran españoles y el resto italianos. Veniero aceptó el embarque, como el que condesciende.

Con el general pontificio Marco Antonio Colonna hubo menos piques, pues era un militar profesional que navegaba ahora bajo bandera vaticana, pero que igualmente habría servido bajo pabellón inglés o francés. Tenía fama de carácter agriado, pero al poco de llegar don Juan se apresuró a mandar un mensaje a Felipe II en el que le decía, entre otras cosas, que «no distraeré la atención de Vuestra Majestad relatando los asuntos de esta armada; lo hace ya don Juan, al que obedezco con prontitud».

Por fin, mediado septiembre de 1571, se encontraba fondeada en el puerto de Mesina una armada como no se había visto igual en toda la cristiandad. La componían 6 galeones venecianos de gran envergadura, cada uno dotado con 44 cañones; 208 galeras de quilla larga, de las cuales 106 eran venecianas, 90 españolas y 12 pontificias; y 100 fragatas de acarreo de tres palos, con cofas y vergas en todos ellos. La dotación la componían 50.000 hombres entre marineros y remeros, y los soldados destinados a combatir sumaban 31.000, de los cuales 19.000 eran españoles, 8.000 venecianos y 2.000 pontificios, además de otros 2.000 voluntarios. Estos últimos eran hidalgos que o bien querían hacer carrera militar, o consideraban un honor tomar parte en tan glorioso acontecimiento, y también había aventureros de otros países que iban al olor del botín.

El resto de los soldados eran de leva forzosa, pena grande que pasaban los del pueblo llano, que de la mañana a la noche se encontraban embarcados en guerras que se libraban en lugares de cuya existencia no tenían noticia. Bien es cierto que, a veces, resultaba mal menor, pues era tanta la miseria de sus pueblos que en los tercios o en los navíos, al menos, comían a diario y siempre tenían la esperanza del botín.

Si la leva de la tropa era forzosa, es excusado decir cómo sería la de los remeros o galeotes, amarrados al duro banco, y a los que se nombraba como chusma, expresión que ha llegado hasta nuestros días como lo más despreciable de la raza humana.

Como los navíos reales siempre estaban precisados de remeros, los jueces recibían instrucciones para que aquellos delincuentes que por sus crímenes merecieran que se les cortara algún miembro (verbigracia, la mano a los ladrones) se les cambiara la pena por la de galeras. Pero con ocasión de la batalla de Lepanto fue tanta la necesidad de galeotes que hubo que recurrir a la compra de esclavos, que alcanzaron un alto precio, llegándose a pagar hasta treinta ducados de oro por cada uno.

La suerte de la chusma era terrible. Se les tenía sujetos con cadenas a los bancos de la bodega, y en ellos dormían, comían y hacían sus necesidades en unos recipientes que luego arrojaban a la mar. Podían pasarse meses sin ver la luz del sol, y cuando salían, apenas podían abrir los ojos. Si la nave naufragaba eran los primeros en ahogarse, cargados de cadenas como estaban.

En las crónicas de la época hay continuas referencias a la chusma por la importancia que tenían en las batallas navales. El general veneciano Veniero, cuando tuvo que admitir lo deficiente de sus tripulaciones, tomó una medida que produjo el natural escándalo en la ciudad: hizo una leva forzosa entre los gondoleros, con los que dotó de remeros veinticinco galeras.

Antes de partir hacia Corfú don Juan de Austria tomó una medida que mucho influyó en el resultado final de la batalla. Desde la nave capitana hizo saber a todas las tripulaciones que concedería el perdón y la libertad a los galeotes que remaran con especial brío, a los que en caso de abordaje del enemigo lo combatieran con sus remos, y a los que, desencadenados por sus capitanes, lucharan a muerte. En el informe del escribano de la armada, Fernández Corto, consta que «esta disposición de Su Excelencia, amén de cristiana, fue sapientísima, pues en lo más recio de la batalla fueron muchos los capitanes de las naves que dieron suelta a los de la chusma, haciéndoles ver que todos éramos cristianos, y los de enfrente no, y que de tomarlos presos, caso de que los dejaran con vida, sería para uncirlos al banco ya para siempre, pues ésa era su costumbre. Salieron los galeotes con gran furia, y sólo el verse en la cubierta ya les parecía gran regalo y se abrazaban unos a otros, y a continuación con el arma que les daban, o de no dársela con el remo, acometían a los turcos cuantas veces hiciera falta sin perder nunca el paso. Muchos perdieron la vida. Otros, más aprovechados, se tiraron a la mar para alcanzar la costa, que no estaba lejos, aunque a saber la suerte que correrían, pues era tierra de turcos. Esto los que sabían nadar.

Pero los más siguieron combatiendo cada vez más orgullosos, y según las armas se inclinaban de nuestra parte, por benevolencia del Dios Altísimo, se sentían más ufanos y acometedores, dando gritos e invocando a la Virgen Santísima. Terminada la gloriosa batalla se hizo relación de estos galeotes y se les concedió la libertad a 5.000 de ellos, sin mirar a que antes fueran esclavos o tuvieran crímenes de sangre».

Por contra, según el ensayista Luciano Serrano, ésta fue una de las grandes deficiencias de la armada turca, que contribuyó en no corta medida a su derrota en Lepanto. Sus galeras no iban mal dotadas de chusma, pues se calcula que el número de remeros sumaba los 10.000. El mal estuvo en que todos eran esclavos cristianos, que cuando vieron la libertad a su alcance, se alzaron contra los que llevaban patroneándoles con inaudita crueldad desde hacía años. A los comienzos dc la batalla, sujetos férreamente al banco, con arraeces que les fustigaban con látigos, no soñaban con semejante quimera, entre otras razones porque sabían que siempre que el turco entraba en combate naval era para salir victorioso. A lo más que se atrevían era a remar con desidia. Pero cuando sintieron que sus naves eran abordadas por las de los cristianos, fue cuando se rebelaron y ayudaron a la rendición de los navíos turcos.

A primeros de octubre de 1571 ya se sabía que la armada otomana había elegido el golfo de Lepanto para presentar batalla a la liga cristiana. Mandaba esa armada el general Alí Pachá, con una ristra de victorias a sus espaldas que le hacía tener un alto concepto de sí mismo, aunque ante su gente no se cansara de repetir que la victoria la daba Alá, aunque sólo a los favorecidos, entre los que se contaba él. Su lugarteniente era Pertev, un renegado cristiano al que había nombrado bajá de Morea, y que le era fidelísimo. El tercer hombre en mando era el corsario Luchalí, el ya citado virrey de Argel, que de todos era el que mejor conocía al adversario por las muchas veces que había medido sus fuerzas con los navíos cristianos.

Alí Pachá había dispuesto que dos fustas, pequeñas barcazas muy del gusto de los turcos, se hicieran pasar por lanchas de pescadores griegos y se adentraran entre la escuadra cristiana para echar la cuenta de los navíos que la componían, volviendo con la buena noticia de que eran menos. La armada otomana superaba a sus rivales en cerca de cincuenta galeras, pero lo que más animó al general turco fue que sus espías le informaron que, como formada por tres naciones distintas, no tenían la debida unidad, y que las tripulaciones, reclutadas a la leva, con precipitación, se mostraban bisoñas y su chusma muy cansada, pues venía remando desde Mesina, pasando por Corfú. Ante tales informes, decidió provocar el combate cuanto antes.

Luchalí le advirtió de que no se fiara de las apariencias, y que si al mando de la liga venía don Juan de Austria, era como si viniera el mismo Felipe II, monarca que no acostumbraba a perder batallas, y que bien que se habría cuidado de rodear a su noble hermano de gente que le aconsejara. Además, los españoles eran tenidos por los mejores marinos, y allí estarían Álvaro de Bazán, Gil de Andrade y, sobre todo, García de Toledo, tenido por el mejor estratega de la mar.

Alí Pachá había recibido órdenes del sultán de Estambul de poner fin al poderío cristiano en el Mediterráneo, y entendía que, con la ayuda de Alá, aquélla era la ocasión.

En vísperas de la batalla un grave suceso vino a perturbar el orden que don Juan de Austria había conseguido en la armada a él confiada. Para conseguirlo se había servido no sólo de remedios materiales, sino también espirituales. Dispuso que en las galeras había de vivirse cristiana y virtuosamente, sin darse al naipe ni ensuciarse la boca con blasfemias, y que mirasen que eran cruzados y que, por lo tanto, como tales habían de vivir las veinticuatro horas del día, dedicando parte de la mañana a oraciones y el resto del día a ejercicios militares. Daba ejemplo don Juan ayunando tres veces por semana y pasando buena parte del día en oración.

Relata el citado escribano Fernández Corto que «Nuestra Majestad el rey Felipe andaba muy apurado por la moralidad de la tropa, sabedor de que serían muchos los que morirían en el combate, con grave riesgo de sus almas si no estaban en gracia, por lo que había dispuesto que nos acompañase don Jerónimo Manrique, vicario general de la armada, más otros sacerdotes dominicos y jesuitas y, por fin, vino el obispo de Odescalco, éste enviado por Su Santidad el papa para concedernos un jubileo extraordinario, con las mismas indulgencias que en su día tuvieron los cruzados que marcharon a los Santos Lugares, de manera que quien muriera en combate sin haber vuelto a pecar tenía abierto el camino del cielo. Esto lo hizo revestido de pontifical. Don Juan quiso, y el obispo accedió, que la indulgencia alcanzara también a los de la chusma, salvados aquellos que por ser negros o paganos no pudieran recibirla, aunque los sacerdotes se aplicaron en dar doctrina a los que querían abrazar la fe de Cristo, que fueron muchos, y también tuvimos bautizos muy sentidos».

En medio de esta armonía el general Veniero tuvo una ocurrencia que puso en riesgo la unidad de la armada. En una de las naves venecianas marchaba un capitán italiano, Mucio de Cortona, a sueldo de España, que era de los que había dispuesto don Juan de Austria que fuera a reforzar la tripulación de los barcos del dux. Era muy buen militar, conocedor de las cosas de la mar, y cuando se aproximaban al golfo de Lepanto, pasado ya Corfú, como viera que el capitán del navío hacía una maniobra torpe se lo hizo ver, quizá con palabras gruesas, y por ahí vino el incidente, en el que salieron a relucir los hierros, aunque no llegó la sangre al río. Enterado el general Veniero hizo comparecer al italiano, a quien reprendió adustamente sin querer atender a las razones que éste le daba sobre la maniobra mal hecha. Se enzarzaron y el general le advirtió de que a la próxima vez que quisiera dar órdenes en un navío veneciano lo mandaría ahorcar. Para su desgracia, Mucio de Cortona le replicó que no podría hacer tal sin consentimiento del capitán general, don Juan de Austria. «¿Ah, sí? —dijo colérico Veniero—. Eso lo hemos de ver». Y en el acto lo mandó ahorcar de la verga mayor, y con él a un sargento y a dos soldados italianos que trataron de impedirlo.

Ver en la distancia balancearse los cuerpos de los ajusticiados fue de los tragos amargos que tuvo que soportar don Juan de Austria. A renglón seguido vino la rebelión del tercio italiano en demanda de justicia. Entre estos italianos se contaban todos los pontificios. La arbitrariedad del general Veniero era evidente, y de gran gravedad en un ejército en trance de batalla. Estaba claro en las instrucciones que sólo a don Juan, como general en jefe, le correspondía aplicar castigo tan extremo a un oficial, para lo cual estaba asistido por el auditor general, Morcat, nombrado por el mismo Felipe II.

Don Juan mandó reunir consejo y los más se inclinaban por dar un sonado escarmiento al infractor, como único remedio para que no siguieran adelante las desavenencias entre los del bando español y los venecianos. El general pontificio Colonia, que era de los más encendidos, acusó a Veniero de ser un desequilibrado que debía ser destituido y puesto en prisión. Pero al fin prevalcció el criterio de Álvaro de Bazán, quien aconsejó que con el enemigo en puertas había de dejarse las cosas estar y que, consumada la jornada, se le aplicaría el castigo. Entre tanto se dispuso que otro capitán veneciano, Agustín Barbarigo, muy sesudo, estuviera siempre muy cerca de Veniero para que nada hiciera sin su conocimiento, de manera que fuera el verdadero jefe de la armada veneciana.

Con estas disposiciones trabajo le llevó a don Juan contentar a los italianos con la promesa del castigo. Que, por cierto, no cumplió, pues con la alegría de la victoria sobre el turco y con el arrojo que mostró en ella Veniero, le perdonó la falta. Aunque, como cuenta el cronista Fernández Corto, de poco le sirvió: «Al principio se mostró el veneciano agradecido y hasta con lágrimas en los ojos, pero cuando llegó la hora de distribución del botín fue de los más codiciosos, bien para él o para su república, y no quería compartir lo que había tomado, disponiendo que naves venecianas, bien cargadas, hasta de cañones, tomaran la ruta de Venecia».

Si las fustas que mandó Alí Pachá coincidieron con los días en que tuvo lugar este grave suceso, es lógico que pensaran los otomanos que la discordia reinaba en el bando cristiano.

En la alborada del día 7 de octubre la armada cristiana se encontraba en las islas Equinadas, frente al golfo de Lepanto, cuando ya se sabía que la armada turca les aguardaba formada en media luna. El día estaba calmo y, pese al sinnúmero de navíos que se juntaban en aquella rada, reinaba el silencio y sólo se oía el ruido de la brisa en las gavias.

Era costumbre de la época guardar las formas, y por eso el general Alí Pachá, desde la nave almirante, ordenó un disparo de cañón invitando al combate. Don Juan ordenó que se le respondiera con otro cañonazo, indicando que lo aceptaba, y mandó enarbolar el estandarte de la Santa Liga y una flámula con su escudo.

En ese momento se levantó un terral que favorecía a la escuadra otomana, pues si algo hay importante en los combates navales es tener el viento a favor, por lo mucho que facilita la maniobra. Con ello contaba el general turco, pues sabía que a esa hora y en ese golfo, tal solía ser el comportamiento del viento. Pero de manera sorprendente, y contra toda previsión, cesó este viento, se quedaron las aguas del golfo muy tranquilas, y al poco saltó un suave céfiro que viniendo del mar cambió las tornas favoreciendo a los navíos cristianos, que vieron en ello la mediación del apóstol Santiago, bajo cuyo amparo se ponían en sus guerras contra el moro desde la batalla de Clavijo.

Don Juan, muy encendido, desde lo más alto de la proa de la nave capitana, ordenó que sonaran atabales y clarines, en parte para contrarrestar los gritos de la morería, que acostumbraba a entrar en combate profiriendo a voz en cuello denuestos contra los cristianos, y en parte también como señal de aprestarse a vencer o morir.

La escuadra otomana ocupaba buena parte de la entrada del golfo, aunque no toda. Mohamed Siroco, gobernador de Alejandría, estaba al frente de 55 galeras, en la parte izquierda, la más próxima a la costa; Alí Pachá y su lugarteniente el renegado Pertev ocupaban el centro, al mando de 96 galeras; y el corsario Luchalí, con 73 galeras, ocupaba el otro extremo. El resto formaba un escuadrón de reserva.

Don Juan, cuya escuadra según la leyenda venía en forma de cruz como símbolo de la muerte de Cristo, dispuso que se desplegara también en media luna, pero ampliándola más, de suerte que ocupara toda la bocana del golfo, a modo de red barredera para que ningún navío otomano pudiera escapar. Comenta el escribano Fernández Corto que «esto prueba lo cierto que estaba de nuestra victoria, aunque a los comienzos nada hacía preverlo, pues ellos eran más y más avezados».

La disposición de la armada cristiana fue la siguiente: enfrente de Mohamed Siroco se situó al veneciano Barbarigo al mando de 64 galeras, un poco más adelantado, pues los venecianos, tan remisos e incómodos en otros puntos de la organización, pidieron ser los primeros en entrar en combate y don Juan se lo concedió; el centro lo ocupaba la nave capitana de don Juan de Austria, flanqueado por los generales Colonna y Veniero, con un conjunto de 63 galeras; y en el otro extremo se encontraba Juan Andrea Doria con 60 galeras. El marqués de Santa Cruz, marino muy ducho, se quedó en la retaguardia con 35 navíos para ayudar a quien lo precisara. Comenta Fernández Corto que para este mando había que ser muy avisado, como lo era el marqués, y acertar a ayudar en el momento oportuno, y lo hizo tan bien y con tanto denuedo, que a él se debió en buena parte la victoria final.

Una medida muy acertada, aunque al principio parecía locura, fue prescindir de los espolones de ataque, siguiendo el consejo de don García de Toledo. ¿Cómo suprimir aquello de lo que se servían los navíos para hincárselos al contrario, bien para apresarlo, o para facilitar el abordaje? A ello se oponían marinos tan experimentados como Doria o Álvaro de Bazán, pero don García les razonó y convenció de que en la lucha que se avecinaba, a muerte, convenía que el cañón de proa estuviera expedito para disparar, y que el espolón se lo impedía; ítem más, toda la artillería podría bajar el ángulo de tiro y así hacer blanco seguro en las galeras enemigas. La decisión última sobre suprimir o no el espolón correspondía a don Juan, que fió en la fama de estratega de don García, dijo sí y no se arrepintió.

A la hora del mediodía, con el sol en su punto más alto, comenzó el combate, y los primeros en atacar fueron los turcos en medio de una inmensa gritería, con intención de rodear a la escuadra del veneciano Barbarigo, que, como queda dicho, era la más adelantada. Respondió la flota veneciana con sus mortíferos doscientos sesenta y cuatro cañones y fue de admirar la habilidad de maniobra de los turcos que, soportando la granizada, se abrieron en haces y cada uno de los tres cuerpos que componían la media luna se fue contra su contrario; Siroco contra Barbarigo, Alí Pachá contra don Juan de Austria, y Luchalí contra Juan Andrea Doria. Y, como decía Fernández Corto, los comienzos no pudieron ser más desalentadores, pues pronto se notó la superioridad numérica del turco, y en todos los frentes aventajaron a los cristianos.

Así como en las guerras en la tierra firme siempre cabe la posibilidad de ordenar la retirada, y los reyes y los principales generales pueden estar a resguardo de sus mejores soldados, no ocurre lo mismo en los combates navales, pues una vez enzarzados los navíos, sólo queda luchar a muerte, y la bala de cañón que barre una cubierta lo mismo mata al grumete que a su capitán general. Cuando llega el trance de los abordajes, cada uno ha de defender su propia vida con la fuerza de su espada.

Así ocurrió en Lepanto, y uno de los primeros en caer fue el general Barbarigo, quien murió heroicamente. Cuando advirtió la intención de Siroco de superarlo de manera que su flota pudiera colocarse a espaldas de los cristianos, que así se encontrarían entre dos fuegos, opuso tenaz resistencia, dando tiempo a que llegara en su ayuda la escuadra de reserva al mando de don Álvaro de Bazán. Heroica fue su muerte, pues una flecha sarracena le atravesó un ojo y no quiso que se la quitaran por no desangrarse más, sino que se la sujetó con la diestra y siguió dando órdenes hasta que perdió el ser.

Por su parte el corsario Luchalí, famoso por su crueldad, obligó a Doria a abrirse hacia su derecha, lo que dejó aislada la nave capitana de Malta, que fue abordada por corsarios que pasaron a cuchillo a todos sus tripulantes. Como admite Fernández Corto, «no había tiempo para hacer prisioneros, y heridos o sanos, a ninguno se le perdonaba la vida; esto en lo más recio del combate, porque cuando la batalla se sosegó comenzamos a tomar presos a los que se rendían de buenas maneras».

En ayuda de la escuadra veneciana superada por Siroco envió Álvaro de Bazán diez galeras al mando de Martín de Padilla, que chocaron furiosamente contra las turcas, y cada galera fue escenario de una tremenda batalla, consiguiendo echar a pique la nave capitana otomana, con su general, del que nunca más se tuvo noticia y se le dio por muerto o desaparecido entre las aguas, rojas por la sangre de los que morían.

El estratega García de Toledo había dado el siguiente consejo: «Combátase al turco cerca de sus costas, ofreciendo de este modo a los soldados de sus galeras la tentación de abandonarlas y buscar refugio entre los suyos». Y don Álvaro de Bazán lo siguió en esta ocasión con notable provecho, obligando a esta escuadra de Siroco, que era la más cercana a la costa turca, a aproximarse aún más; muchos abandonaron las galeras en medio de gran confusión, pereciendo ahogados o muertos por los cristianos que les disparaban tiros de arcabuz según huían, hasta que Martín de Padilla entendió que a enemigo que huye puente de plata, y mandó seguir luchando contra los que permanecían en su puesto, que seguían siendo muchos.

En cuanto a la capitana de Malta envió Álvaro de Bazán a la *Guzmana* y seis galeras más, a enfrentarse a los que la habían abordado y pasado a cuchillo a su tripulación. Éstos, como corsarios que eran, en lugar de hundir la presa se dedicaron a saquearla como si la batalla no siguiera para ellos, y en este menester les encontró la *Guzmana*, que les entró por la popa y logró rescatarla. El combate que se entabló fue feroz, como todos en aquella luctuosa jornada, llegándose a contar trescientos turcos muertos sobre su cubierta. Milagrosamente el capitán maltés, Justiniano, salvó la vida.

Cronistas de la época sostienen que con ayuda tan grande como la que había prestado Álvaro de Bazán a la escuadra mandada por Juan Andrea Doria, el único quehacer de este general era animar a Luchalí a combatir, cosa que no consiguió. El corsario, consciente de que había quedado en inferioridad de navíos, rehuía una y otra vez el encuentro, con rápidas viradas. En otras ocasiones se rodeaba de cortinas de humo que hacía salir de sus cañones, para disimularse, y así se estuvo buena parte de la jornada, hasta que entendió que la batalla estaba perdida y con treinta de sus galeras tomó la ruta de Navarino y huyó sin que Doria lograra evitarlo.

Esto dio mucho que hablar, ya que de algún modo empañaba la victoria que corsario tan peligroso hubiera salido indemne de la batalla y pudiera seguir con sus fechorías por las costas del Mediterráneo. El impulsivo Veniero llegó a acusar de traidor a Doria, pues como muchas de las galeras que mandaba eran de su propiedad, no se atrevió a exponerlas a un combate contra un marino más atrevido que él, por no perderlas. Pero para otros, gracias a que Doria persiguió con saña a Luchalí, su escuadra, la más temible, no pudo prestar ayuda al centro que mandaba Alí Pachá, que fue donde se decidió la suerte final de la batalla. De su valor personal no se podía dudar, pues dirigió la persecución desde un lugar muy peligroso de su nao capitana, el estanteral de popa, y una bala de cañón segó la vida del grumete de órdenes que tenía cabe sí y a él lo bañó de sangre, y no por eso se amedrentó, sino que siguió mandando desde un castillete en el que cayó una granada que mató a sus dos pajes de armas. Puede decirse que ese día salvó la vida de milagro, aunque su honor como marino quedara en entredicho para algunos. Pasados los años, quizá los siglos, esta escuadra de Juan Andrea Doria cobró fama porque en ella arriesgó su vida Miguel de Cervantes Saavedra.

Era entonces el escritor un joven de veinticuatro años que llegó a Italia en 1569, según todas las trazas huyendo de la justicia castellana, ya que había tenido un lance de honor en el que resultó herido un tal Antonio de Segura, caballero influyente y de mal perder que consiguió que la justicia le condenara a pena de destierro después de que «con vergüenza pública se le cortase la mano derecha». Avisado como era se anticipó en lo del destierro, por no tener que perder la mano. En más de una ocasión comentó que estaba de Dios que había de perder una, pero *por fortuna* en Lepanto perdió la izquierda y salvó la derecha, con la que escribió el *Quijote*. Es de suponer que igualmente lo habría escrito con la izquierda, pues su talento no estaba en sus dedos, sino en su imaginación.

En Italia entró al servicio del cardenal Acquaviva, con el que recorrió todo el país como escribano o amanuense, hasta que tuvo noticia de que se estaba organizando la liga contra los turcos y le entró la comezón de las armas. Se alistó como soldado en las tropas pontificias del general Marco Antonio Colonna, y en la batalla de Lepanto fue destinado a la división de Juan Andrea Doria, en la galera *Marquesa*, mandada por Sancto Pietro.

En vísperas del combate le entraron unas fiebres muy subidas, y como don Juan de Austria había dispuesto que todos los enfermos fueran desembarcados para no entorpecer con los cuidados que requerían la labor de los que estaban sanos, a punto estuvo de quedarse en tierra. Pero de tal modo suplicó Cervantes a su capitán que no le dejara en Mesina, que accedió a llevarle, aunque a condición de que se quedara en el sollado. Cuando estalló la batalla Cervantes se presentó en cubierta, aún febrilento, y consiguió que se le asignara el mando de un pelotón de doce soldados. Desde un lugar de gran riesgo defendió la *Marquesa* con tal decisión que recibió de dos arcabuzazos, uno en el pecho y otro en la mano izquierda, que fue la que le quedó inútil para siempre.

De su heroicidad queda constancia en una carta comendatoria, firmada por el mismo don Juan de Austria, en la que le proponía para el cargo de capitán. Como comenta un ensayista del siglo XX, «por fortuna esa carta nunca llegó a su destino en España, pues la nave en la que viajaba Cervantes fue apresada por el renegado albanés Mamí, y condenado a prisión en los baños de Argel, donde permaneció cinco años haciendo gala siempre de un heroico comportamiento y dedicándose a organizar planes de fuga para él y sus compañeros. Que hubiera sido buen militar no queda duda, pero fue mejor escritor y por eso lo de agradecer que su estancia en Argel pusiera fin a sus sueños bélicos». Cervantes siempre consideró el haber tomado parte en Lepanto como el episodio más glorioso de su vida, y lo cita ufano en varios pasajes de su obra.

Cuando Alí Pachá comprobó que no podía desbordar a la armada cristiana por sus extremos, tomó la determinación de atacar por el centro, buscando el encuentro con la nao real de don Juan de Austria, que se alzaba altiva con sus emblemas y gallardetes, con tanta fortuna que se topó con ella cuando estaba acompañada sólo de dos galeras de protección, mientras que el turco contaba con siete galeras de refuerzo. Del impulso, la nao sultana, que no había prescindido del espolón, logró hincárselo hasta la cuarta bancada de la real, y así quedaron ambas capitanas trabadas de suerte que quedó claro que de aquel encuentro había de salir el vencedor.

Si daño grande fue el que hizo la nave turca con su embestida, no fue corta la respuesta cristiana. Conforme había anticipado don García de Toledo, la nave hincó, pero quedó más alta que la real, lo que hizo posible que sus cañones, mayormente el de proa, barrieran la cubierta contraria.

En cuestión de minutos ese centro de combate se convirtió en un hervidero de navíos. Don Álvaro de

Bazán, siempre ojo avizor, mandó en ayuda de la nave almirante siete galeras con los mejores soldados de la escuadra, en su mayoría hidalgos voluntarios que combatían sólo por el honor. Eso en un primer impulso, porque luego envió otras catorce más, al mando de Martín de Padilla, mas por su cuenta se incorporaron las del general pontificio Colonna y las del veneciano Veniero, que luchó con tal ferocidad que mereció que se le dispensara del castigo por haber ahorcado al capitán Mucio de Cortona.

Alí Pachá atacó la nao capitana con más de doce galeras y con una dotación de 100 arqueros y 300 arcabuceros, más cerca de 1.000 jenízaros elegidos entre los más bravos y que se habían juramentado con sus almuecines para dejar la vida allí. Don Juan de Austria se le oponía con 300 arcabuceros y 500 soldados, sin contar la tropa de las naves circundantes.

Según el ensayista Luciano Serrano, «jamás se había visto batalla naval tan confusa; cristianos y musulmanes peleaban mezclados unos con otros en asombroso desorden. Trabadas las galeras entre sí, acometíanse por proa, costado, popa, según como se ofreciese. Terrible era el aspecto que ofrecía el campo de batalla; gritos salvajes de las fuerzas turcas, fuego en las galeras mediante las alcancías de materias inflamables, humo maloliente, lamentos de los que morían... No se perdonaba la vida al que caía en poder del contrario».

La batalla duraba ya dos horas y había de durar tres más. Era tal la multitud de cadáveres que flotaban en el mar, que las naves tenían dificultades para maniobrar entre ellos.

La nao real y la sultana seguían trabadas, y Álvaro de Bazán hacía subir por la popa de la de don Juan de Austria oleadas de soldados que atacaban la de Alí Pachá. Por dos veces lograron llegar hasta el palo mayor, y allí fueron rechazados por los jenízaros, que se dejaban matar con tal de acabar con un contrario. En la segunda ocasión lograron dar muerte a Pertev, el lugarteniente renegado, y se lo llevaron consigo para mostrárselo a don Juan de Austria, que mucho se alegró y determinó que procedía un tercer ataque, que había de ser el último, con él a la cabeza. También mandó desherrar a los galeotes y proveerlos de armas, pues todos eran pocos para doblegar a los turcos.

Este tercer ataque peor no pudo empezar, pues los jenízaros, apoyados por cientos de arqueros, replicaron con tal furia que lograron entrar en la nave cristiana, y el mismo don Juan de Austria, cuando ya parecía todo perdido, hubo de defender el castillete de popa, espada en mano, resultando herido en una pierna, aunque no por eso dejó de combatir. En ese ataque cayeron capitanes cristianos de los más principales, como Bernardino de Cárdenas y Rutia, todos muy unidos a su capitán general, que les daba ejemplo de valor. Entre todos destacó el príncipe de Parma, que con la sola compañía de un soldado español llamado Alfonso Dávalos, se atrevió a saltar a una de las galeras que atacaba a la real por estribor, logrando evitar el abordaje.

En tal crucial momento comenzaron a salir los galeotes desherrados y, como comenta el escribano Fernández Corto, «no es de creer que de aquellos que sólo se esperaba que sirvieran a las naos en su navegación, nos había de venir la victoria. Salían de las sentinas como ciegos, pero los oficiales de don Álvaro de Bazán cuidaban de ponerles un arma en las manos, y no de las mejores porque no las había, y se iban a por el turco con gran determinación. Algunos, como ladrones que eran, se entretenían en despojar de sus riquezas a los que mataban, pero otros no. Fueron de los primeros en llegar a la nave sultana, y como quien tiene compasión de los que están padeciendo lo que ellos habían padecido, se bajaron a las sentinas y desherraron a los galeotes turcos, que no eran turcos, sino cristianos, y también se unieron a la lucha con gusto, pues mataban a los que los había tenido sujetos a esclavitud. Éstos no eran ladrones o asesinos, como los nuestros, sino que estaban en el remo por el solo mérito de ser cristianos. Y en éstas, es de admirar y providencia del cielo que uno de los desherrados de la nao capitana se diera con el almirante Alí Pachá, que bien se distinguía por las galas que lucía, y de un tajo le cortara la cabeza. El hacha de la que se sirvió era muy tosca, y en otras manos no se sabe si habría dado para tanto, pero este galeote era de grandes fuerzas, hasta aquel día mal empleadas, pero en aquella ocasión sirvieron para mayor gloria de Dios y de los que luchábamos por su reinado en este mundo».

Quizá el forzudo galeote no supiera bien a quién había matado, pero sí los militares que le acompañaban, y según el ensayista Luciano Serrano, «resonó un clamoroso vocerío en la galera de don Juan y las capitanas de su séquito... y se arrió con toda solemnidad el estandarte turco, llamado Sanjac, y en su lugar apareció una bandera con la imagen de Jesús crucificado».

No por eso se rindieron a discreción los navíos que defendían a la sultana a derecha y a izquierda, pero ya nada podía detener a los que se consideraban vencedores. Una tras otra fueron cayendo las naves turcas, y en una de ellas encontraron a dos hijos de Alí Pachá, jóvenes de diecisiete y trece años, a los que tomaron presos y, advertidos de su condición, trataron con grandes consideraciones. Con arreglo a las costumbres de la época, durante el combate el contrario sólo merecía ser pasado a cuchillo, eso tanto entre moros como entre cristianos, pero terminada la lucha el vencido, si era de noble condición, era tratado con notable miramiento. Cuando la batalla de Lepanto terminó y don Juan la celebraba con los más principales, hizo traer a su presencia a los hijos del almirante vencido, abrazolos afectuosamente, se condolió de la suerte que había corrido su padre y ordenó que se les proveyera de ropas turquesas y se les proporcionara alimento a su gusto. Bien es cierto que luego hubo discusiones entre españoles y venecianos sobre quién se quedaba con ellos para pedir rescate, y al final se los quedó el papa para evitar esa codicia.

En la batalla de Lepanto los turcos perdieron 224 navíos, 130 capturados y 94 hundidos o incendiados; murieron más de 25.000 turcos y 10.000 cristianos fueron puestos en libertad. Por parte de la Santa Liga se perdieron 15 navíos y murieron 8.000 hombres.

La resonancia de la victoria fue tremenda y se dispusieron *Te Deum* de acción de gracias en buena parte de los países cristianos, mas no en los que tradicionalmente eran enemigos de España, como Francia e Inglaterra.

¿Significó Lepanto el final del poderío otomano en el Mediterráneo? Al menos puso de manifiesto que el turco no era invencible. Pero como dijo Selim II, «habéis rasurado la barba al gran sultán; esa barba brotará más fuerte y más poblada al cabo de unas semanas». Quizá la lucha contra el musulmán, aunque de una manera distinta, sigue hasta nuestros días.

La batalla de Trafalgar, o la sinrazón del honor

Han pasado dos siglos y medio desde lo de Lepanto y España ya no es la dueña del mundo. El nuevo emperador se llama Napoleón Bonaparte, y España duda si le conviene ser su aliada o su enemiga. Comienza por lo segundo, luego pasa a ser su aliada y termina por convertirse en enemiga acérrima. Así transcurren los hechos entre la Revolución Francesa, la batalla naval de Trafalgar y la Guerra de la Independencia.

En 1789 se produce en Europa un acontecimiento que configurará el futuro de la humanidad: la Revolución Francesa. El pueblo llano y la burguesía se rebelan contra la monarquía y meten en prisión al rey Luis XVI, al que acabarán cortando la cabeza. Como es lógico las restantes monarquías europeas se aplican el viejo dicho de «cuando las barbas de tu vecino veas pelar, pon las tuyas a remojar». España, regida por los Borbones, se siente especialmente afectada por el regicidio, puesto que Luis XVI pertenecía a la misma dinastía.

En España reinaba Carlos IV de Borbón y Sajonia, monarca de carácter bondadoso, amante de la vida de hogar, de conducta personal irreprochable, buen cristiano y excelente ebanista, oficio que practicaba con maestría y asiduidad. Su única pesadumbre fue la de ser rey, pues ni le gustaba ni servía para las tareas de gobierno. Por eso, quizá, se entregó con alma y vida a su valido Manuel Godoy, a quien llegó a escribir de corazón: «No tenemos más amigo que tú, ni quien como tú nos sea fiel y afecto».

Manuel Godoy era un personaje muy interesante. En su juventud debió de ser muy atractivo. Se conserva un retrato suyo debido al pincel de Goya, que nos lo muestra en su madurez ya excedido de peso y con el rostro abotargado. De familia hidalga y procedencia extremeña, era hijo del coronel José Godoy, por lo que no tuvo dificultades para ingresar en un cuerpo selecto del ejército, la Compañía de Guardia de Corps. Su ascenso comenzó una tarde del otoño de 1788 en la que la princesa de Asturias, María Luisa, se desplazaba desde La Granja a Segovia. Godoy, que iba como batidor, se cayó del caballo delante del coche de su alteza. Sus enemigos, que los tuvo en abundancia, comentaron que no era de creer que jinete avezado como él, en terreno llano, fuera a caer precisamente a la vista de la princesa. María Luisa se interesó por su persona e, invitado a palacio, fue presentado al príncipe Carlos, a quien cautivó de tal manera que cuando subió al trono como Carlos IV comenzó a distinguirle. Con tan sólo veinticinco años le nombró secretario del Despacho Universal, lo que hacía de él el hombre más poderoso de España. Llegó a reunir catorce títulos nobiliarios y acumuló rentas por valor de 2.251.000 reales de plata.

La maledicencia se cebó en tan fulgurante carrera política, y sus enemigos atribuyeron sus ascensos a una relación adulterina con la reina María Luisa. Los más procaces indican que incluso el bondadoso monarca Carlos IV también estaba enamorado de él. Según el profesor E. Corona no hay mayor fundamento para tales habladurías, y lo único que consta es que el afecto de los monarcas por su favorito era tan sincero que éste les correspondía con una sumisión total. O visto de otra manera: el favorito, hombre extremadamente eficaz —sus logros en el campo de las ciencias y las artes no son despreciables—, les dispensaba de todos los engorros del gobierno de una nación, y los reyes se lo agradecían con una amistad inquebrantable.

Mientras tanto, en la Francia revolucionaria surgía otro personaje que pretendía convertirse en dueño del mundo. Se llamaba Napoleón Bonaparte, y era francés por azar. Había nacido en Ajaccio, en la isla de Córcega, comprada hacía poco por Francia, pero que por costumbres, tradición e historia era italiana. Napoleón se aprovechó de una beca para estudiar la carrera militar en la metrópoli, con no pocas dificultades, entre otras razones porque se expresaba con dificultad en lengua francesa. No obstante, con los años, se convertirá en el paradigma de las glorias galas.

¿Amaba a Francia? De él ha dicho el pensador Taine que amaba a Francia como un jinete ama a su caballo: un caballo que le podía conducir muy lejos y que, en definitiva, sólo Napoleón sabía montar. Si estaba dispuesto a servirse de Francia para el logro de sus intereses, es excusado decir cómo no habría de servirse de otras naciones para el mismo fin. Entre ellas de España, a la que condujo a la batalla de Trafalgar, que, hablando claro, fue una auténtica desgracia para nuestro país.

Es sobradamente sabido que la carrera militar de Napoleón fue vertiginosa: comía una sola vez al día, no tenía distracciones que no estuvieran relacionadas con el oficio de las armas, no se permitía placeres, mortificaba continuamente su cuerpo y consideraba todo lo relacionado con el amor como un fastidio. La disciplina militar estaba por encima de todo. Y para colmo tenía la habilidad de presentar sus fracasos —que los tuvo, como las expediciones a Cerdeña y a Egipto— como victorias, mientras que sus verdaderos triunfos los convertía en hazañas excepcionales. Por lo visto le costó poco superar sus dificultades con el idioma, y terminó convertido en un orador muy eficaz.

Ya hemos comentado que España mantuvo, al principio, una postura confusa respecto a ese coloso del enredo que fue Napoleón. El reinado de Carlos IV había empezado apenas un año antes del estallido revolucionario galo. Los ministros Floridablanca y Aranda, que ya habían ejercido los más altos cargos durante el reinado de Carlos III, tuvieron que lidiar con los primeros compases de la Revolución, y aunque como ilustrados estaban de acuerdo con muchos de sus postulados, su misma condición les hacía abominar de la violencia de las revoluciones. Inglaterra tenía las ideas más claras, y desde el principio se convirtió en enemigo acérrimo de la Revolución y de su principal corifeo, Napoleón Bonaparte. Al margen de ideologías, no estaba dispuesta a consentir las pretensiones de Napoleón de construir un imperio francés en ultramar.

Cuando se produjo el ingreso en prisión de Luis XVI, Carlos IV entendió que las naciones civilizadas no podían consentir semejante atropello, por lo que decidió unirse a Inglaterra en la lucha contra los revolucionarios. Aranda, todavía favorito del rey, se opuso, no obstante, por razones prácticas: España no contaba con un ejército capaz de enfrentarse al francés. Fue en ese momento cuando emergió la figura épica de Manuel Godoy, que se mostró dispuesto a combatir a muerte al francés como defensor a ultranza de la monarquía y de la casa de Borbón. Firmó un convenio con Inglaterra e inició la guerra contra la Convención Nacional Francesa. Al comienzo se obtuvieron algunos triunfos, pero pronto los fracasos militares se sucedieron, y en 1795, a fin de evitar un desastre, no quedó más remedio que firmar la paz de Basilca. Según los historiadores fue una paz vergonzosa para España ya que el ejército francés entró sin oposición hasta las puertas de Burgos y en la capitulación se les cedió toda la isla La Española, además de notables prebendas comerciales y, sin embargo, a su artífice, Manuel Godoy, se le condecoró con el título de Príncipe de la Paz.

Un año más tarde, el 18 de agosto de 1796, el Príncipe de la Paz firmó el tratado de San Ildefonso, por el que España se aliaba con Francia y declaraba la guerra a los ingleses. Por este tratado nuestro país adquirió compromisos con Francia difíciles de cumplir. Entre otras cosas se obligó a facilitar a la República Francesa, en el plazo de tres meses, quince navíos, con ochenta cañones por lo menos cada uno, con víveres para seis meses y aparejos para un año, más 18.000 hombres de infantería, 6.000 de caballería y la correspondiente artillería.

La declaración de guerra a Inglaterra tuvo consecuencias desastrosas para España. En un primer enfrentamiento la armada española fue derrotada por la inglesa en el cabo de San Vicente. El almirante inglés Harvey se apoderó de la isla de Trinidad aunque no pudo tomar Puerto Rico, mientras el famoso almirante Nelson lograba desembarcar en Santa Cruz de Tenerife, aunque fue rechazado rápidamente por el general español Antonio Gutiérrez. El inglés, que ya había fracasado en el intento de tomar Cádiz, salió malparado de este segundo envite, con un brazo mutilado. Al amparo de esta situación de guerra la marina británica, actuando en corso, se dedicó al contrabando y a la piratería en los dominios españoles de ultramar. Los perjuicios para el comercio hispano fueron incalculables: la navegación mercantil se convirtió en una aventura imposible, y la armada española se mostró incapaz de contrarrestar la potencia marítima de los ingleses.

Tras diversos avatares y la toma temporal de Menorca por los británicos, el 27 de marzo de 1802 a España no le quedó más remedio que firmar la paz de Amiens, por la que Londres se avino a devolver Menorca, pero siguió manteniendo Gibraltar y la isla de Trinidad.

Mientras tanto, Napoleón se había convertido en el dueño de Francia, con aspiraciones hegemónicas respecto del mundo entero, y a Godoy no le quedó más remedio que actuar como marioneta suya. Era un vecino demasiado poderoso para oponerse a sus pretensiones, y entre éstas no figuraba la de mantenerse en paz con Inglaterra, entre otras razones porque esa paz significaba que los británicos seguirían siendo dueños de los mares —y por lo tanto del comercio internacional— incrementando de día en día su poderío naval.

En mayo de 1803 estalló de nuevo la guerra entre Francia e Inglaterra. España trató por todos los medios de mantenerse neutral. El país estaba maltrecho y, para colmo de desgracias, una epidemia de fiebre amarilla estaba asolando a la población. Sin embargo, Napoleón amenazó al gobierno y sacó a relucir el tratado de San Ildefonso, firmado en 1796, por el que España, conjuntamente con Francia, declaraba la guerra a Inglaterra y adquiría onerosos compromisos para hacer frente a tan poderoso enemigo.

El 19 de septiembre de 1803 Godoy firmó un vergonzoso acuerdo para contentar a todos, pero que no contentó a nadie. Napoleón, como una concesión, admitió que España, en lugar de participar con navíos y soldados, lo hiciera con dinero; por eso el citado acuerdo será conocido como el «Tratado de Subsidios», por el cual España se obligó a entregar a Francia la exorbitante cantidad de 6.000.000 de libras mensuales mientras durase el conflicto. La diplomacia española en Londres pretendió que los británicos interpretaran ese tratado como el precio de la neutralidad, y los ingleses miraron para otro lado mientras en la Cámara de los Lores, sobre todo los del Almirantazgo, dijeron: «¿Cómo puede considerarse neutral quien con sus dineros sostiene a los enemigos de Europa?».

España, la pobre España mal administrada, seguía teniendo fama de rica por el oro y la plata que le llegaban de sus colonias de América. El Almirantazgo inglés decidió cortar esa fuente de suministro y el 5 de agosto de 1804 apresó cuatro navíos españoles, procedentes de Lima y Buenos Aires, que llevaban 4.000.000 de pesos a bordo. A continuación procedió a la captura de otras naves menores, con cargamentos de grano, de los que tan necesitada estaba España. Por eso en la *Gaceta de Madrid* del 14 de diciembre de 1804 se publicó un manifiesto denunciando las tropelías inglesas y declarando guerra a muerte a la «pérfida Albión». El final de la proclama era terminante: «Inflamados todos los vasallos de Su Majestad, de la justa indignación que deben inspirarles los violentos procederes de la Inglaterra, no omitirán medio alguno de cuantos les sugiera su valor para contribuir a la más completa venganza de los insultos hechos al pabellón español».

La suerte estaba echada. España iba a guerrear frente a la poderosa Inglaterra, pero junto a un aliado más poderoso todavía, Napoleón Bonaparte, el general invencible. Y, por supuesto, a su dictado.

El plan que había concebido ese genio de la guerra era ambicioso: la invasión de las Islas Británicas. Napoleón contaba con un ejército suficiente para asolar el territorio británico una vez que hubiera puesto el pie allí, pero entre Francia y Gran Bretaña se interponía el Canal de la Mancha, patrullado día y noche por la escuadra inglesa. Era necesario distraerla, obligarla a dividir fuerzas, y para eso Napoleón precisaba de la armada española, cuyos grandes marinos tenían justa fama en el mundo entero. Sin embargo, la marinería no era para tanto. Estaba compuesta en buena parte por campesinos que huían del hambre o por presos que purgaban sus penas sirviendo en los navíos reales. Comenta un cronista de la época que «era tanta la canalla que gobernaba los barcos de Su Majestad, que es de admirar no se fueran a pique por el afán que tenían de desertar. Pocas cosas tan aborrecibles hay como navegar en esos navíos».

En la armada británica también había malhechores, pero sujetos a una disciplina tremenda, siendo famoso el gato de siete colas que se aplicaba a la más mínima falta. Además, los capitanes tenían facultad para colgar de una verga al marinero revoltoso, sin más audiencia que la de un consejo de oficiales, que tampoco era vinculante. Pero sobre todo existía una leva obligatoria para todos los condados que, en proporción a su número de habitantes, venían obligados a proporcionar marinería al almirantazgo. Éstos se consideraban voluntarios, aunque no lo fueran, pero en todo inglés existía el sentimiento de que la libertad de Inglaterra estaba ligada a su armada, pues siendo isla, y no de las más grandes, sólo una flota poderosa la podía mantener libre de las nefastas influencias del continente. Este sentimiento estaba más acendrado desde que emergiera la figura de Napoleón, como genio maléfico dispuesto a desembarcar en Inglaterra para degollar a sus reyes, como ya habían hecho en Francia.

La armada española, gracias al esfuerzo del marqués de la Ensenada, había llegado a tener un notable poderío. Su máximo apogeo llegó en 1790, cuando alcanzó a contar con 117 navíos. Después de los desastres del cabo de San Vicente y Trinidad (en esta isla el almirante español mandó quemar buen número de buques para que no cayeran en manos inglesas) las fuerzas estaban algo mermadas, pero seguían constituyendo la segunda escuadra de Europa, después de la inglesa. Por supuesto era superior a la francesa y, no obstante, Napoleón confió el mando conjunto de la escuadra franco-española al almirante Pierre Charles Villeneuve, natural de Valensoles, y ése pudo ser su gran error y la causa de la derrota de Trafalgar. Amén de que la flota y la artillería de los ingleses eran mucho mejores.

La idea que había concebido Napoleón consistía en enviar la escuadra franco-española a las Antillas, donde Inglaterra tenía importantes intereses, y así obligar a la armada británica a ir en su busca dejando desguarnecido el Canal de la Mancha. Luego regresaría a toda vela para proteger el desembarco de 160.000 soldados franceses que serían transportados a Inglaterra en 2.000 buques de carga.

Pero Nelson, almirante supremo de la flota inglesa, no cayó en la trampa. Mantuvo buena parte de sus navíos en aguas europeas, lo que obligó a la escuadra franco-española a regresar sin haber cumplido su objetivo. Napoleón montó en cólera. Se vio obligado a levantar el campamento y con su poderoso ejército a cuestas se dirigió a Austria, donde obtendría la victoria de Austerlitz, según los entendidos la batalla más perfecta de las planeadas por Napoleón. Sin embargo, en el mar no era tan genial como en tierra, y comenzó a enviar órdenes confusas al almirante Villeneuve. O puede que la confusión la armara el diablo. El caso fue que Villeneuve, después de bajar desde Finisterre hacia el estrecho de Gibraltar, acabó recalando en el puerto de Cádiz con toda la flota, cuando Napoleón todavía le estaba esperando en Brest. La siguiente orden del colérico Napoleón fue terminante: que abandonase inmediatamente la bahía de Cádiz y se dirigiera a Nápoles.

Por ser la batalla de Trafalgar un acontecimiento relativamente reciente existe abundante documentación sobre lo que ocurrió en aquella jornada y en las precedentes. Hay testimonios de los capitanes que sobrevivieron al encuentro, informes dirigidos a los superiores, cuadernos de bitácora y memorias escritas por afición o por descargo de conciencia. Así como Lepanto fue «la más alta ocasión que esperan ver los siglos», Trafalgar fue una desgracia nacional de la que más de uno se quiso excusar.

Entre todos esos testimonios resulta más interesante que el de los capitanes el de un sencillo guardamarina, Daniel Salcedo, que con ingenuidad no exenta de encanto nos da su versión de lo sucedido. Su relato revela sinceridad, al tiempo que modestia; confiesa una gran admiración por los heroicos marinos que perdieron la vida en la batalla, pero reconoce que él no estaba dispuesto a hacer otro tanto. Da gracias a Dios por haber salido con vida de aquella desgracia y, como no quiso repetir semejante experiencia, se dio de baja en la marina y se retiró a vivir a un cortijo muy hermoso —era de familia acomodada— que tenía en la provincia de Cádiz, donde era nacido, y en cuya escuela naval había estudiado.

«Éramos muchos los jóvenes —confiesa— nacidos en esta hermosa provincia de Cádiz que en el vestir el uniforme de guardamarina, sobre todo los días de gala, con su espadín al cinto, lo teníamos como la mayor de las gracias, ya que nos hacían mejor parecer ante las damas cortesanas los más frívolos, o ante las lindísimas señoritas de la buena sociedad que tanto abundan en tan privilegiada ciudad los que llevábamos mejores intenciones. ¿Pero qué se hizo de la gracia de los uniformes, cuando suenan los cañones y las piernas salen volando por los aires? ¿Qué del espadín, que tiene que ser trocado por siniestro sable, pronto teñido de sangre, para matar o morir, pues en las estrecheces del barco ésa es la suerte: o matas o mueres?

»Cuando la escuadra del almirante Villeneuve arribó a nuestra bahía fue grande el contento de toda la población; en los barrios bajos por el beneficio que sacan las pobres mujeres de la marinería, y en los más altos por la alegría de pasearse por la bocana admirando navíos tan hermosos, mandados por ilustres marinos, muchos de los cuales habían iniciado su carrera marítima en esta escuela naval de Cádiz, la más nombrada de España, y por eso tenían sus relaciones y hasta sus amores en nuestra ciudad. Tal es el caso de Federico Gravina y Nápoli, duque de Gravina y grande de España, que acá fue guardamarina, acá mantuvo su último y glorioso combate, y acá perdió la vida para mayor gloria de España. Era tal su distinción y su energía en el mandar, que con sólo mirarle, el más bravo temblaba. A mí me cupo la inmensa fortuna de estar a sus órdenes en el *Príncipe de Asturias*, el poco tiempo que serví a Su Majestad en la marina. Otro tanto se puede decir de don Cosme Damián Churruca de Elorza, natural de Motrico, que iba para cura e hizo estudios en el seminario de Burgos, pero luego se vino a Cádiz, a nuestra escuela naval, y fue de los guardamarinas más aprovechados, pues no sólo era muy avisado para navegar, sino también para estudios oceanográficos y dejó escrito un tratado sobre el estrecho de Magallanes y la Tierra del Fuego, que mejor no lo hay. Y de heroicidad no se diga, pues murió en la batalla de Trafalgar, luchando contra fuerzas muy superiores, con tal naturalidad que parecía que no había nacido para otra cosa.

»Cito a estas dos eminencias por haberse formado en Cádiz y ser vicealmirantes de la escuadra que mandaba el almirante Villeneuve, que si hubiera sido al revés, es decir, si cualquier de ellos hubiera sido el que la mandara, no habríamos padecido tan afrentosa derrota. Digo afrentosa por las muchas vidas y navíos que en ella se perdieron, que por lo demás más honrosa no pudo ser.

»Estas eminencias, más otras no menos nombradas, como don Dionisio de Alcalá Galiano, al mando que estaba del *Bahama*, don Cayetano Valdés y Flores, al mando del *Neptuno*, don Baltasar Hidalgo de Cisneros, que estuvo nada menos que en el *Santísima Trinidad*, don Francisco Alcedo y Bustamante, que fue de los que encontró muerte más gloriosa al mando del navío *Montañés*, y don Francisco Javier de Uriarte y Borja, teniente general al mando del *Santa Ana*, digo que estas eminencias, por señalar a las más principales, desembarcaban de sus navíos y visitaban las casas principales de la ciudad, en las que tenían amistades, y hasta se quedaban a dormir en ellas el tiempo que estuvo fondeada la escuadra en Cádiz, cosa de dos meses, desde el 20 de agosto hasta bien entrado octubre. A mi casa, por ser mi madre viuda de marino, que había sido compañero de promoción de don Cosme Damián Churruca, nos frecuentaba este ilustre almirante, y tenía tales atenciones con mi persona, que los ojos se me llenan de lágrimas con su recuerdo. Estaba yo en el último grado de la escuela naval, y cuando mis superiores me dijeron que había de embarcarme a las órdenes del duque de Gravina, no cabía en mí de alegría, bien es cierto que todavía no se sabía que habíamos de enfrentarnos a los ingleses, sino que nuestro destino era Nápoles. Mi madre, como viuda de marino, se mostró resignada a esta suerte y don Damián Churruca la tranquilizaba diciéndole que no había de pasarme nada, pues él era de los contrarios a salir a enfrentarnos a la escuadra inglesa, que ya había bloqueado el puerto.»

El guardamarina Daniel Salcedo da por conocido un hecho un tanto sorprendente: parte de la escuadra inglesa, al mando del almirante Cuthbert Collingwood, se había situado a la vista de Cádiz en posición de bloqueo. Si en ese momento el almirante francés Villeneuve hubiera decidido salir a dar la batalla posiblemente la habría ganado, dada la superioridad de la flota que mandaba. Pero no lo hizo, según se justificó más tarde, porque no eran ésas sus instrucciones.

Esto sucedía a finales de agosto, y el 28 de septiembre de 1805 se presentó el resto de la flota inglesa al mando del almirante Nelson, estableciendo un bloqueo en toda regla. La sola presencia de Nelson significaba guerra, porque era un hombre que había nacido para luchar. Desde su más tierna infancia tuvo una salud pésima, que superó no consintiendo que el sufrimiento le apartara del cumplimiento del deber. No sabía lo que era el miedo, ni permitía que los hombres a sus órdenes dieran muestras de tenerlo. En los abordajes era el primero en acometerlos, siempre en primera línea de combate, y por eso en el asalto a Santa Cruz de Tenerife perdió su brazo derecho. Su carrera militar se cimentó luchando contra los españoles, bien en ultramar, bien en Europa, unas veces ganando —su victoria más sonada fue la del cabo de San Vicente—, y otras perdiendo. Consideraba a los españoles sus enemigos naturales, por lo que los trataba con gran respeto, y con alguno de ellos llegó a tener amistad particular. Su audacia superaba lo estrictamente militar, y pese a ser hijo de pastor protestante en la Inglaterra puritana del siglo XIX, se atrevió a abandonar a su esposa Juana Nisbet, con la que había contraído matrimonio en las Antillas, tomando como amante a Emma Hamilton, esposa de *lord* Hamilton. *Lady* Hamilton era mujer de excepcional belleza, y hay quien dice que se prendó de la leyenda que rodeaba a Nelson pues, como comenta un cronista de la época, «al almirante Nelson, cuando se le apartaba del puente de mando de su navío, no tenía encanto alguno, ni por su figura ni por su manera de hablar». Fueron amores escandalosos por la magnitud del adulterio, por la relevancia que tenía *lord* Hamilton y porque el almirante Nelson no se recataba de ellos y hasta se atrevió a navegar en el *Victory*, su buque insignia desde 1803, con *lady* Hamilton a bordo.

Quizá Nelson no tuviera encanto «por su manera de hablar» en sociedad, pero su eficacia oratoria al dirigirse a sus hombres está fuera de toda duda. El 28 de septiembre se hizo cargo de la escuadra, y al siguiente día 29 se reunió con sus principales capitanes en una cena que pasaría a la historia. Estas cenas estaban muy bien servidas, con abundancia de vinos, y Nelson siempre las comenzaba con bromas dirigidas a sus oficiales, todas muy oportunas, pues conocía a cada uno como un padre conoce a sus hijos. En esas cenas les consentía que se tomaran confianzas con él, y les animaba a entonar los cantos tradicionales de la marina inglesa, de suerte que más bien parecía una reunión de amigos que de oficiales de la marina más severa del mundo. Pero si en ese momento hubiera sonado zafarrancho de combate, todos a una se habrían levantado dispuestos a cumplir cualquier orden que emanara del almirante. Pasados los años, ya muerto Nelson, cualquiera que hubiera tomado parte en una de esas cenas tenía que contarla una y mil veces a oficiales más jóvenes, con todo detalle sobre lo que dijo o dejó de decir el más grande de los marinos ingleses.

En la cena del 29 de septiembre de 1805, a los postres el almirante Nelson mandó despejar la mesa y sobre un tablero les explicó el plan que habían de seguir para destrozar a la escuadra franco-española. En síntesis consistía en no presentar batalla en línea, como era habitual, sino en dos divisiones, vanguardia y retaguardia. La vanguardia la mandaría Nelson y la retaguardia Collingwood. Nelson, en flecha, atacaría el centro de la armada contraria, siempre buscando el navío del comandante en jefe enemigo, al que era preciso apresar a todo trance; Collingwood, desde la retaguardia, impediría que los navíos de los extremos de la escuadra franco-española pudieran acudir en socorro del centro. Nelson escuchó objeciones, las rebatió, convenció a todos, y bien entrada la noche les recordó que el enemigo de Inglaterra, y de toda Europa, era Napoleón, y que no tendrían otra ocasión como aquélla para destruir su poderío naval, ya que en Cádiz se encontraban los principales navíos de guerra que poseía Francia, junto a los de sus aliados españoles. No se trataba de una batalla más, sino de la definitiva, y por eso habían de poner todo su empeño y valor, y terminó con un «aunque en ello nos vaya la vida», como una premonición de que había de perder la suya.

Desde ese día, y hasta el 21 de octubre, fecha de la batalla, la flota británica se puso en pie de guerra y la marinería y los soldados no dejaban de hacer ejercicios de artillería, cada día más exigentes, pues en la rapidez de tiro estaría el éxito final. El almirante Nelson, en una chalupa, iba de un navío a otro teniendo palabras de aliento para los tripulantes, y cuidando de que les dieran raciones especiales de comida y ron en abundancia. Eliab Harvey, capitán del *Temeraire*, comentaría que «cuando el primer almirante subía a un barco, había marineros que se ponían de rodillas como si se tratara de una divinidad, y cada palabra que saliera de su boca era luego repetida, como se repiten las palabras del sagrado Evangelio, sea esto dicho con los debidos respetos».

Otro era el cantar en Cádiz, según el guardamarina

Daniel Salcedo: «Estábamos en la creencia de que no habíamos de salir de puerto mientras los ingleses estuvieran fuera, y por eso la disciplina era más benévola que la de los que piensan que al otro día van a entrar en combate. De nuestra marinería muchos eran de las últimas levas, de la parte de San Fernando y Puerto Real, muy poco versados en las cosas de la mar, y los capitanes les consentían que subieran y bajaran de los navíos para tratar con sus familias, y aunque algo de instrucción recibían, no tanta como es preciso para gobernar un barco. En cuanto a los marineros veteranos, como se daba el milagro de que cobraban sus soldadas con puntualidad, les faltaba tiempo para ir a gastárselas a las tabernas del puerto, no mal acompañados de mujerío que en aquel mes de octubre hicieron su agosto. Todo esto el general Churruca lo llevaba muy a mal, aunque también era de los que creía que no íbamos a salir de puerto».

La creencia a la que se refiere Daniel Salcedo tenía un sólido fundamento: el día 8 de octubre el almirante Villeneuve convocó una reunión en el *Bucentaure*, buque insignia de la escuadra franco-española, a la que asistieron los contralmirantes franceses Dumaboir y Magon, más cuatro capitanes de navío, y por parte de España, Gravina, Álava, Escaño, Cisneros, Galiano y Churruca.

El almirante Villeneuve era partidario de salir de Cádiz por la sencilla razón de que ésas eran las órdenes que había recibido de Napoleón. Los contralmirantes y capitanes franceses eran del mismo parecer, quizá por respeto a su superior. Gravina, como el de mayor jerarquía de los españoles, se opuso con razones poderosas. La primera provocó un grave incidente entre el almirante francés Magon y el capitán de navío español Alcalá Galiano. Gravina razonó que estaban en vísperas de un gran temporal que en otoño azota las costas gaditanas con tremendo rigor cuando el verano ha sido largo, seco y caluroso, como lo fue aquel año. La prudencia aconsejaba resguardarse del temporal en puerto, con la confianza de que la borrasca obligaría a Nelson a retirarse, y de no hacerlo su flota sufriría un gran daño. Sobre la inminencia del temporal había pocas dudas, ya que el barómetro estaba bajando. En ese momento fue cuando el almirante Magon, pensando que no le entendían, dijo en francés: «*A mon avis, c'est plus bien le courage qui descende*». Es decir, que lo que descendía no era el barómetro, sino el valor de los españoles. Oyolo Alcalá Galiano, que conocía el francés, montó en cólera y le echó en cara una presunta cobardía de Magon en un encuentro que tuvieron con navíos ingleses en Finisterre, y allí mismo quedaron desafiados. Como fuera impensable que se batieran en duelo dos oficiales en vísperas de una acción de guerra, tanto el almirante Villeneuve como Gravina les hicieron entrar en razón, pero no se dieron la mano y se sobreentendía que aplazaban la cuestión de honor para después de la batalla. No hubo lugar a ello, pues tanto Alcalá Galiano como Magon hallaron la muerte en la batalla de Trafalgar, de manera heroica.

La otra razón que alegó Gravina era estratégica y de gran consideración: si permanecían en puerto, Nelson vendría obligado a mantener el bloqueo todo el invierno, pero no sólo en Cádiz, sino también en el puerto de Cartagena, en el que fondeaba el resto de la escuadra española, y en el de Tolón, en el que se encontraban navíos franceses. El desgaste de la escuadra inglesa en el Mediterráneo, lejos de Inglaterra, con dificultades de aprovisionamiento, sería muy grande, mayormente si tenía que capear los temporales que se avecinaban. De suerte que sin salir de puerto la coalición franco-española podría obtener ventajas equivalentes a las que conseguiría de entrar en combate. El almirante Villeneuve atendió a razones y en el consejo se tomó la decisión de invernar en el puerto de Cádiz.

Comenta el guardamarina Salcedo el gozo con el que fue recibida la noticia en la ciudad de Cádiz. «A nuestra casa vino el señor Churruca a decírnoslo, y el único que se entristeció fui yo, deseoso como estaba de largar velas en el *Príncipe de Asturias*. El contento de mi madre es excusado. Era este Churruca personaje en extremo afable, con un aire melancólico que lo hacía muy atractivo. De edad madura, como de cuarenta y cinco años, el cuerpo enjuto, todo él delicado, de manera que cuando no vestía el uniforme más bien parecía un apacible terrateniente o un funcionario del Consejo de Indias. La lengua vasca la hablaba muy suelto, y de ella se servía con sus marineros, muchos de aquellas tierras. Tenía un deje simpático en el hablar, propio también de las Vascongadas. El cabello lo tenía rubio, sujeto por una coleta, y no se servía de peluca, como era costumbre de la época, sobre todo entre los oficiales franceses. Lo hacía por el calor, y en ese punto, aunque mucho amaba Cádiz, echaba de menos las frescuras de Motrico, que yo no he llegado a conocer, pero de la que Churruca hacía grandes loas. También era muy religioso.

»En aquella ocasión me contentó y me dijo que tiempo tendría de navegar, y que esa espera sería oportuna para completar mi formación como marino, y me daba muchos consejos sobre lo que la armada espera de un guardia marina, sobre los turnos de guardia, y sobre cómo habría de ser mi comportamiento con los marineros para que no me faltaran al respeto.

»Estar la armada fondeada en la bahía era para Cádiz una fiesta. En los atardeceres el paseo de la Alameda se llenaba de uniformes, y es de imaginar el contento de las señoritas gaditanas, que se acicalaban durante todo el día para esa ocasión; se olvidaban las penas y los males de la fiebre amarilla, que no acababa de remitir. Era el mes de octubre y parecía que seguíamos en verano, aunque sin los rigores de la calor. El cielo siempre azul, con alguna nubecilla blanca, que cuando dejaba caer unas gotas daba lugar a carreras, y a risas y bromas de las damiselas y los caballeros oficiales, que las tomaban por el talle so pretexto de ponerlas a cubierto, con los consiguientes melindres de ellas. Luego se tomaba el chocolate con azucarillos en un establecimiento que llamaban del Indiano, y otros lo tomaban en las casas. En la de mi madre siempre estaba dispuesto a partir de las siete de la tarde, con bolados, polvos de soconusco y toda clase de dulces horneados en casa para quien pudiera venir, que no tenía que avisar. Uno de los días vino el duque de Gravina y yo me mantuve apartado, transido de emoción, por ser grande la diferencia que me separaba de mi almirante.

»Eran tardes tan apacibles, el cielo tan sereno, las gentes tan contentas, que no era de imaginar que de allí a pocos días muchos de aquellos oficiales habían de perder la vida en una de las batallas más cruentas de la historia.

»Una tarde infausta —luego sabría que lo era— llegó don Cosme Churruca, sereno como siempre, para comunicar a mi madre que se habían cambiado las tornas: salíamos de puerto. Yo estaba de servicio en el *Príncipe de Asturias*, y luego me lo contó mi madre. "¿Cómo así? —se extrañó ésta—. ¿No habíamos quedado que era mejor dejar pasar el invierno?". Don Cosme le dio las razones del cambio, aunque no sé si todas, pero la más definitiva era que así lo había dispuesto el almirante supremo Villeneuve.

»Con el tiempo se han venido a saber cuáles fueron las razones que determinaron a Villeneuve a tomar tan desafortunada decisión. Tuvo noticia de que cinco buques de la escuadra de Nelson se habían apartado para dar escolta a un convoy que marchaba a las Antillas, y que otros dos se habían tenido que retirar a Gibraltar para limpiar fondos; por tanto, la armada inglesa se encontraba en inferioridad numérica, y era llegado el momento de atacarla. ¿Era ésa la verdadera razón? O, a lo menos, ¿era la única razón? ¿No sería más bien que, camino de Cádiz, se encontraba el almirante francés Rosilly, enviado por Napoleón para sustituirle en el mando supremo? Las cóleras del emperador de los franceses eran temibles, y era sabido que estaba muy disgustado con Villeneuve, a quien acusaba de "falta de arrojo y sangre fría".

»Que tomó la decisión el almirante Villeneuve contra el sabio parecer del duque de Gravina y de los otros marinos españoles bien claro está, y que con ello pretendía congraciarse con el emperador francés no lo está menos. Pero bien caro que lo pagó el infortunado almirante galo. Fue de los pocos mandos que no resultó muerto en la batalla, ni tan siquiera herido, sino que fue tomado prisionero y conducido a Inglaterra, con el buen trato que es habitual se dé entre ellos a los almirantes de las escuadras enemigas, que dejan de ser enemigos cuando son presos. Pero si son valiosos los mantienen prisioneros mientras dura la guerra para que no vuelvan a servir a su país. A menos que paguen rescate por él. Napoleón no hizo ademán de pagar rescate y lo más oprobioso para Villeneuve fue que tampoco los ingleses tuvieron interés en mantenerlo prisionero y al poco lo pusieron en libertad, como si se les diera poco que sirviera o dejara de servir a su patria. Volvió a Francia a través de Calais y, camino de París, no pudiendo soportar la vergüenza, se suicidó en la ciudad de Rennes. Ésta es la versión oficial, pero hay quienes sostienen que fue asesinado por orden de Napoleón. No sé cuál de ellas le deseo, pues las dos son malas y más trágicas que las de los que murieron heroicamente al frente de sus navíos en Trafalgar.

»El día 18 de octubre vino el señor Churruca a despedirse de mi madre y agradecerle las atenciones que había tenido con su persona —algún día durmió en casa— durante su estancia en Cádiz, y yo estaba en el mismo trance. Digo despidiéndome de mi madre, pues la orden era que a partir de esa noche se habían terminado los permisos de pernocta, y las tripulaciones habían de permanecer en sus correspondientes navíos. También había otros oficiales, cuyos nombres no recuerdo, pero que eran de los que venían a tomar el chocolate, retirados en un jardín muy hermoso que tiene la casa de mi madre, mientras ésta daba instrucciones a las criadas para servirles un refrigerio de despedida. Aunque yo estaba apartado de los oficiales, pues mi modesta condición de guardia marina no me permitía un trato llano con ellos, pude oír los comentarios que hacían, muy desfavorables a Villeneuve y a su capricho de salir o no salir. Hablaban con desprecio de los franceses, y se referían a un encuentro que tuvieron con los ingleses en Finisterre del que podían haber salido victoriosos de haber recibido algo de ayuda de los navíos franceses que, como se dice vulgarmente, escurrieron el bulto. Churruca les replicó que eso no había de ocurrir ahora, pues Gravina había exigido que en la línea fueran alternados los navíos franceses y españolcs, para que todos corrieran igual suerte; es decir, que cada navío francés llevaría a su costado uno español.

»Los otros oficiales seguían muy encendidos y sostenían que aquella salida desafortunada era consecuencia de la ciega sumisión de la corte de Madrid a todo lo que dijera Napoleón. Churruca puso fin a la discusión diciendo que el general Gravina había aceptado las órdenes del almirante Villeneuve y a ellos sólo les tocaba obedecer. Uno de los oficiales le replicó: "¿Pese a ser conscientes de que los ingleses nos superan en artillería, marinería y operatividad de sus buques?". Entonces Churruca dijo que en lo que no les superaban era en sentido del honor, y que el de la armada española estaba en juego en aquella ocasión. Citar el honor entre los marinos españoles es cosa sagrada, y todos inclinan la cabeza sumisos. Por eso, como yo no soy tan noble ni tengo en tanto el honor como aquellos heroicos marinos, es por lo que he pedido la baja en la Marina Real. Digo que no lo tengo ahora, después de lo que padecí en Trafalgar, pero aquel 18 de octubre también lo tenía muy subido, y no veía el momento de que nos enfrentáramos a Nelson. Aquel día fue el último que vi con vida a don Cosme Churruca, y me admira la tranquilidad de la que hizo gala, cuando él, marino experimentado como pocos, bien sabía a lo que nos enfrentábamos y las pocas posibilidades de éxito que teníamos. Antes de marcharse me tomó en un aparte, me recordó que era hijo único de viuda, y que cuidase mucho de mi persona, y que un guardamarina joven era poco más que un grumete, y que no se esperaba de ellos grandes hazañas en combate, y hasta me señaló aquellas partes del barco en las que estaría más a resguardo llegado el abordaje. A fe que atendí sus consejos, no sé si con exceso, pues otros guardamarinas no mayores que yo murieron en el empeño.»

El día 19 de octubre de 1805 se dio la orden de «Izad velas y adelante», y la escuadra franco-española inició la salida de puerto con viento favorable. A pesar de la hora temprana —seis de la mañana— fueron muchos los que se acercaron a despedir a la armada, y a continuación se encaminaron a la iglesia del Carmen, próxima a la bahía, a rezar por la suerte de aquella expedición. Las risas de los días anteriores se habían tornado en rostros cariacontecidos y lágrimas de madres y mujeres enamoradas.

Para los amantes del mar el espectáculo era soberbio: el buque insignia del almirante Villeneuve, el *Bucentaure*, navío de ochenta cañones, iba flanqueado por el *Santísima Trinidad* y el *Neptuno*. El *Santísima Trinidad*, español, era el navío más grande del mundo, con una eslora de 186,9 pies de Burgos, una manga de 58 y desplazaba 2.153 toneladas; contaba con 118 cañones y cuatro puentes, cuando el navío más grande sólo disponía de tres. Según las descripciones de la época era «como un alcázar de madera y su sola vista ponía espanto». En esa misma línea navegaban también los navíos españoles *San Agustín*, con 74 cañones, que fue el encargado de iniciar la batalla contra los ingleses, y el *San Leandro*, con 74 cañones. El resto hasta ocho eran navíos franceses.

En uno de los extremos navegaba el *Príncipe de Asturias*, buque insignia del almirante Gravina, muy velero, con tres baterías de 30 cañones cada una más otros 18 entre el alcázar y el castillo. De él se decía que era un navío muy temible por su capacidad de tiro rápido. En esta línea, considerada como de reserva, navegaba también el *San Juan de Nepomuceno*, al mando de Churruca. Muerto éste fue apresado por los ingleses y sirvió en la marina británica durante dieciocho años, aunque con el nombre cambiado. En esa misma línea navegaban el *Bahama*, de 74 cañones, mandado por Alcalá Galiano, y no lejos de él el *Algesires*, también de 74 cañones, buque insignia del almirante francés Magon, encargados de ayudarse el uno al otro, aunque sus capitanes estuvieran desafiados.

El conjunto de la armada franco-española era de 33 navíos frente a los 27 que componían la inglesa. En esa escasa diferencia confiaba Villeneuve para vencer, sin tener en cuenta que la potencia de tiro de los ingleses era de 2.368 cañones, mientras que la fuerza franco-española justo superaba los 2.000.

La maniobra de salida de la hermosa bahía de Cádiz les llevó cerca de dos horas, con un flamear ininterrumpido de pañuelos de quienes los despedían, y la ciudad parecía que seguía en fiesta, salvados los que estaban rezando en la iglesia del Carmen.

Cuando se encontraban en puntas, cesó el viento, y con las velas fláccidas tuvieron que recurrir a las chalupas para llevar a los navíos, a fuerza de remos, a mar abierta, donde volvió a soplar de nuevo, con buenos augurios, en dirección oeste, la ruta de Gibraltar, lo que permitiría enfrentarse a los ingleses con vientos a favor.

A las siete de la tarde un navío francés, el *Redoutable*, fue el primero en avistar las luces de la flota de Nelson, y por medio de altavoces hizo llegar la noticia al buque insignia. De uno a otro corría el mensaje, con el consiguiente escalofrío entre las tripulaciones, y al *Bucentaure* llegó a las ocho y media, siendo ya noche cerrada. El almirante Villeneuve entendió que no era hora de luchar, y se limitó a ordenar que la escuadra se pusiera en línea de combate.

Según un personaje que aparece en el episodio *Trafalgar*, de Benito Pérez Galdós, todavía no había comenzado el combate y ya se veía a muchos de los soldados, hombres de tierra adentro, con el mal del mareo, agarrados a los obenques para no caer. «Eran gente de la leva, obedecían las órdenes de mala gana, y no tenían el más leve sentimiento de patriotismo.»

Aquella noche se pasó en formar cadenas humanas para transportar la munición desde los pañoles hasta los entrepuentes, y en cubrir las cubiertas con tierra, ya que en aquellos tiempos las heridas, con pérdidas de brazos y piernas, eran muy sangrientas, y la sangre derramada sobre la madera la hacía muy resbaladiza.

Al amanecer del día 21 las dos flotas se distinguían claramente una a otra. Como el almirante Gravina entendiera que estaba en posición favorable para sorprender por la banda izquierda a los ingleses, pidió permiso para atacar, y la respuesta de Villeneuve fue que se mantuviera en la línea, subordinado a los movimientos generales. A continuación se produjo la orden más sorprendente, de la que luego tuvo que dar cuenta Villeneuve: mandó hacer una virada en redondo a un tiempo en toda la línea, invirtiendo todas las posiciones, de suerte que las vanguardias se encontraron a retaguardia y viceversa. Con ello pretendió asegurarse la retirada a Cádiz con viento a favor, en caso de una derrota; lo cual era tanto como aceptarla antes de comenzar a combatir.

Cuando la orden llegó al *San Juan Nepomuceno* de Churruca, éste clamó: «¡Perdidos! ¡Perdidos! ¡Estamos perdidos! ¡Nuestra vanguardia se verá aislada del cuerpo principal y nuestra retaguardia apenas podrá ayudarla!». Mandó subir a la tropa y marinería a cubierta, hizo que se hincaran de rodillas y demandó al capellán castrense: «Cumpla usted, padre, con su ministerio, y absuelva a estos valientes que ignoran lo que les espera en combate». A renglón seguido, por si no todos eran tan valientes, les advirtió que si alguno faltase a su deber le haría fusilar en el acto.

En el *Victory*, buque insignia de la flota inglesa, Nelson contempló la maniobra de virada, apreció que eso dejaba huecos entre los navíos enemigos y que era llegado el momento de atacar sin más demora. Entonces fue cuando pronunció la famosa frase que se convertiría en lema de las escuelas navales británicas: «Inglaterra espera que cada uno cumpla su deber». La pronunció en el puente de mando del *Victory* a la tripulación reunida en cubierta, y desde allí se fue comunicando a los otros navíos.

Lord Nelson vestía uniforme de combate, con redingote amplio que no le dificultara los movimientos, pero en el pecho lucía todas sus condecoraciones, que eran muchas. El cirujano que estaba junto a él, y con el que tenía gran confianza (fue el mismo que le amputó el brazo cuando el ataque a Santa Cruz de Tenerife), le advirtió que convenía que se las quitara para no ofrecer blanco fácil al enemigo, pero Nelson no le hizo caso, las conservó, y de vez en cuando se las tocaba con la mano, como si el sentirlas le diera fuerza.

A las doce menos cuarto el *San Agustín* hizo el primer disparo contra el *Royal Sovereing* del almirante Collingwood y comenzó la batalla. El *Victory* se lanzó en flecha sobre el hueco que se apreciaba entre el buque insignia francés, el *Bucentaure*, y su escolta, el gigantesco *Santísima Trinidad*, pero advertidos de la intención pudieron maniobrar cerrando filas y el buque inglés se encontró de frente con el *Bucentaure*, enganchados el uno con el otro. En ese momento apareció otro navío francés, el *Redoutable*, que intentó el abordaje del *Victory* lanzándole los garfios de sujeción y a punto estuvo de conseguirlo, en cuyo caso el buque insignia inglés, rodeado de tres barcos enemigos, difícilmente habría podido resistir.

Acudió en socorro del inglés el *Temeraire* al mando de Eliab Harvey, por el costado más desprotegido del *Redoutable*, y aquel centro del combate, con cuatro navíos enganchados entre sí, se convirtió en un infierno. No era otro el sistema de combate naval en el siglo XIX: todo lo que no fueran disparos a bocajarro, seguidos de abordaje, no servía para resolver las batallas. De ahí las grandes mortandades que se producían y el valor del que hacían gala aquellos marinos.

En medio del estruendo de tan cruento combate, se produce el hecho de leyenda: cae herido de muerte el almirante Nelson, que desde ese día se convertirá en honra y prez de la marina británica. Un fusilero francés, desde la cofa del *Redoutable*, le acertó con un disparo en el pecho. ¿Influyó en su acierto el brillo de las condecoraciones que lucía? En sus funerales, que los tuvo en abundancia en todas las iglesias del Reino Unido, se dijo que no le habría gustado morir de otra manera, sino luchando por Inglaterra y consiguiendo la victoria que la convertiría en reina de los mares.

No murió en el acto, sino que lo bajaron a la cubierta de sollado y desde allí, mientras tuvo vida, siguió dando órdenes, todas muy oportunas. La primera fue confirmar al almirante Collingwood en el mando de la escuadra, quien se mostró tan acertado que, pasados los años, cuando murió mereció ser enterrado cerca de la tumba de Nelson, en la catedral de Saint Paul's.

Collingwood logró concentrar navíos en el centro del combate y llegó un momento en el que el *Santísima*

Trinidad estaba rodeado por siete navíos ingleses, barrida su cubierta por múltiples disparos de artillería pesada y ligera, a tal punto que pensando que nadie quedaba en vida en él, se destacó una chalupa del navío inglés *Africa*, con oficialidad y tropa, para hacerse cargo de él. En ese momento apareció su capitán, Francisco Javier de Uriarte y Borja, para advertirles de que no se habían rendido, y que hicieran el favor de retornarse a su navío y que esperarían sin disparar hasta que se encontraran en él. Curiosa cortesía la de aquella gente del mar.

El *Bucentaure*, que estaba junto al *Santísima Trinidad*, había perdido su palo de mesana, carecía de capacidad de maniobra, más de la mitad de su oficialidad y de la tropa estaban muertos o heridos, y el almirante Villeneuve se paseaba a pecho descubierto en medio de aquel desastre, clamando: «Entre la carnicería que me rodea, ¿no hay ninguna bala destinada para mí?». Pero le quedó el juicio suficiente para que no continuara aquella matanza y mandó arriar bandera en señal de rendición.

Rendido el francés quedaba como almirante supremo Gravina, quien ordenó la retirada de los navíos que estuvieran en condiciones de hacerlo, camino de Cádiz, aprovechando que tenían el viento a favor. Antes tuvo que deshacerse de los navíos ingleses *Defiance* y *Revenge*, que lo cercaban, y en la batalla resultó con el brazo izquierdo destrozado, herida que acabó por gangrenarse. A los pocos meses murió en Cádiz.

El *San Juan Nepomuceno* intentó seguirle, pero una bala de cañón arrancó de cuajo una de las piernas de su comandante, Cosme Churruca, quien se levantó intentando sostenerse sobre la sana, diciendo: «Esto no es nada; prosiga el fuego». Fueron sus últimas palabras, porque al poco murió desangrado.

El día 21 de octubre de 1805 fue especialmente calmo y soleado, pero el almirante Nelson, como buen marino, sabía que no sólo tras la tempestad viene la calma, sino que también lo contrario es cierto, por lo que ordenó a Collingwood que buscara refugio ante la borrasca que se avecinaba. Fue en lo único en lo que no obedeció su sucesor, pues entendió que no podía desperdiciar la oportunidad de perseguir a una escuadra maltrecha, en retirada, y fue tras la estela de Gravina, al que sólo acompañaban once navíos destrozados. No consiguió su objetivo, aunque finalmente logró llegar a puerto con el temporal pisándole los talones.

Aquel día infausto perdieron la vida Churruca, Alcalá Galiano, Alcedo y Bustamante, y resultaron heridos de gravedad, Gravina, que murió poco después, Cayetano Valdés, Baltasar Hidalgo de Cisneros, Ignacio María de Álava y Francisco Javier de Uriarte y Borja. Eso entre los mandos con categoría de capitán de navío, pero se puede decir que entre la oficialidad, incluidos guardamarinas, no hubo ninguno —salvo quizá Daniel Salcedo— que no resultara herido de mayor o menor gravedad.

En la batalla de Trafalgar murieron 1.022 españoles y fueron heridos de gravedad, muchos con pérdidas de miembros, 1.383. Los franceses salieron peor librados, con más de 3.000 hombres muertos y 1.000 heridos. Y los ingleses, aunque vencedores, también tuvieron cuantiosas pérdidas, sobre todo la de su almirante Nelson, más 1.609 entre muertos y heridos.

A este desastre humano contribuyó la tempestad que se desató en el mismo atardecer del día 21, que provocó el hundimiento de navíos desarbolados, con los sollados llenos de heridos que perecieron en el naufragio. La tempestad duró una semana, y Gravina, en lo que sería su lecho de muerte, clamaba consumido por la fiebre: «¡La tormenta! ¡La tormenta! ¡Tenía que llegar! ¿Por qué no acertamos a esperar?». También se lamentaba de no haber sido más enérgico en su oposición al almirante Villeneuve, pues ellos dentro de puerto, y la flota inglesa a la intemperie, otro habría sido el cantar. Pero los que le rodeaban, subordinados suyos, le hacían ver que en obedecer al superior estaba la mayor de las virtudes en la marina, y que aunque la escuadra se había perdido, el honor había quedado a salvo. «¡El honor, el honor! —replicaba Gravina—. ¿Para qué les sirve el honor a las madres que han perdido a los hijos?». Pero esto sólo lo decía al final, cuando casi había perdido el juicio.

La escuadra inglesa procuró apresar al mayor número posible de barcos rendidos y, con ellos a remolque, se retiraron a su refugio natural en el puerto de Gibraltar, que de mucho les sirvió en aquella ocasión. Pero alguno, como el *Bucentaure*, tripulado por británicos, sin mástiles y casi sin posibilidades de gobierno, no lo consiguió y vino a encallar en una playa de la costa española. Sus tripulantes fueron acogidos con gran hospitalidad por los gaditanos, sin mirar que fueran ingleses. Comenta un cronista de la época: «Gran diferencia con lo que siglos atrás ocurriera con los miembros de la Armada Invencible, que también naufragó frente a las costas inglesas, y los españoles que las alcanzaban eran asesinados al llegar a ellas».

Dice el historiador Espadas Burgos que «la derrota de Trafalgar tuvo amplias consecuencias. Allí terminaron los sueños napoleónicos de invadir la Gran Bretaña, perdiendo la llave que le abriría el dominio del mar. Para España las consecuencias fueron más trágicas. Con la pérdida de la flota, América quedaba desprotegida, a merced de los ingleses y fuera del control de España, libre para su independencia. Los nuevos planes de Napoleón incluyeron a la península Ibérica. El desastre de Trafalgar hizo posible la invasión francesa en España».

Bibliografía

ALVAR, Jaime, *De Argantonio a los romanos,* Temas de Hoy, Madrid, 1995.

BALFOUR, Sebastián, *El fin del imperio español*, Crítica, Barcelona, 1997

BENNASSAR, Bartolomé, *La España de los Austrias, 1516-1700*, Crítica, Barcelona, 2001.

CHEJNE, ANWAR G., *Historia de España musulmana*, Cátedra, Madrid, 1980.

COLOMA ROLDÁN, Luis, *Jeromín*, Ediciones Ginés, Madrid, 1975.

CONDE DE CLONARD, *Historia orgánica de las armas de infantería y caballería españolas desde la creación del ejército permanente*, Madrid, 1851.

DÍAZ ROIG, Mercedes (edición de), *El romancero viejo,* Cátedra, Madrid, 1989.

FERNÁNDEZ, M. y DÍAZ MEDINA, A., *Los Austrias mayores y la culminación del Imperio (1516-1598)*, Gredos, Madrid, 1996.

GARCÍA CORTÁZAR, Fernando y GONZÁLEZ VESGA, José Manuel, *Breve historia de España,* Alianza, Madrid, 1994.

GARCÍA GARCÍA, Miguel Ángel, *El combate naval de Trafalgar*, Instituto de Historia y Cultura Naval, 2004.

GONZÁLEZ CREMONA, Juan Manuel, *La cara oculta de los grandes de la Historia*, Planeta, Barcelona, 1993.

JIMÉNEZ LOSANTOS, Federico, *Los nuestros: cien vidas en la historia de España,* Planeta, Barcelona, 2000.

MENA, José María de, *Así fue el Imperio español. Anécdotas, personajes, hazañas,* Plaza & Janés, Barcelona, 1992.

MENÉNDEZ PIDAL, Ramón, *Flor nueva del romancero viejo*, Espasa-Calpe, Madrid, 1978.

—*Historia de España,* Espasa-Calpe, Madrid, 1999.

OLAIZOLA, José Luis, *El Cid, el último héroe*, Planeta, Barcelona, 1989.

—*Francisco Pizarro, crónica de una locura*, Planeta, Barcelona, 1998.

—*Hernán Cortés, crónica de un imposible*, Planeta, Barcelona, 1990.

—*Verdad y leyenda de nuestros grandes personajes históricos,* Temas de Hoy, Madrid, 2003

PASTOR MUÑOZ, Mauricio, *Viriato. La lucha por la libertad,* Alderabán Ediciones, Madrid, 2000.

PÉREZ GALDÓS, Benito, *Trafalgar*, Alianza Hernando, Madrid, 1976.

ROSAY, Jean Mathieu, *Los papas, de san Pedro a Juan Pablo II*, Rialp, Madrid, 1990.

RUIZ DE LA PEÑA SOLAR, Juan Ignacio, *La monarquía asturiana*, Fundación Hidrocantábrico, 2001.

SERRANO, Luciano, *España en Lepanto*, Editorial Swan, Madrid, 1986.

SUÁREZ FERNÁNDEZ, Luis, *Los Reyes Católicos: La conquista del trono*, Ediciones Rialp, Madrid, 1989.

VIDAL, César, *Enigmas históricos al descubierto*, Planeta, Barcelona, 2002.

ÍNDICE